Die Autoren

Gabriela Zander-Schneider und Wolfgang Schneider setzen sich seit vielen Jahren sehr intensiv mit dem Thema Alzheimer Demenz auseinander. Hintergrund war das hautnahe Erleben in der eigenen Familie.

2002 gründeten sie die Alzheimer Selbsthilfe e.V., die sich heute deutschlandweit für die Belange der Erkrankten und ihrer Angehörigen stark macht.

2010 riefen sie das ´Deutsche Institut für Information, Prävention und Weiterbildung im Gesundheitswesen` (DIPW) ins Leben, das sich gesellschaftspolitischen Gesundheitsthemen widmet und bestehende Weiterbildungs- und Informationslücken schließen will.

Für ihre engagierte Arbeit wurden Gabriela Zander-Schneider und Wolfgang J. Schneider mit zahlreichen Preisen und Auszeichnungen geehrt.

2010 erhielt Gabriela Zander-Schneider das Bundesverdienstkreuz.

www.alzheimer-selbsthilfe.de
www.gabriela.zander-schneider.de

Gabriela Zander-Schneider
Wolfgang J. Schneider

VERA

Protokoll einer Vernichtung

Roman

Taschenbuch Originalausgabe 2010
Herausgeber: Gabriela Zander-Schneider
Textliche Bearbeitung: Joachim van Moll
Layout und Satz: www.design-by-dragonfly.de
Umschlagfoto von Regina Fränken

Veröffentlicht im Selbstverlag
Alle Rechte vorbehalten
Copyright © 2010
Gabriela Zander-Schneider, Köln

Email: g.zander-schneider@arcor.de
www. gabriela.zander-schneider.de

ISBN 978-3-00-032858-9

Für Ruth

Ich werd am Ufer stehen und Dir nachschauen,
bis Dein Licht am Horizont verschwunden ist.
Und lächelnd trockne ich meine Tränen.

Gabriela Zander-Schneider

Vorwort

Künstlerische Bearbeitungen ernsthafter Probleme erscheinen mir in letzter Zeit oft überflüssig wie ein Kropf. Man kann den Fernseher nicht mehr einschalten, ohne schon wieder in einem Krimi mit irgendeiner Alzheimer Geschichte belästigt zu werden. So auch hier.

Aber dann fängt man an zu lesen und entdeckt vieles wieder, was tatsächlich stimmt. So laufen die Geschichten oft ab. So sind die ersten Zeichen der Erkrankung, so ist die Unsicherheit, so der Verlauf. Solche Schwierigkeiten bereitet die Frühdiagnose und solche Belastungen – und auch Chancen - ergeben sich daraus.

Eigentlich handelt es sich um ein literarisches Lehrbuch. Um ein Kompendium, das in interessanter Form aufbereitet, was der Experte weiss und die Öffentlichkeit wissen sollte über Symptome, Diagnose, Behandlungsmöglichkeiten, Schwierigkeiten im Alltag, Aufgaben in der Pflege, finanzielle und juristische Aspekte.

Trotz solider einschlägiger Leseerfahrung kann ich auf keinen nützlicheren Krimi verweisen.

Professor Dr. Hans Förstl,

Direktor der Klinik und Poliklinik für Psychiatrie und Psychotherapie der Technischen Universität München

Prolog

2009

28. Juli – Haus Bergengrün, Köln

Es war ein wunderschöner Sommertag mit der für den Sommer so typischen Geräuschkulisse. Die Vögel zwitscherten laut in den großen Bäumen, am Himmel war das leise Motorengeräusch eines Kleinflugzeuges zu hören, der Himmel strahlte postkartenblau. Kein Wölkchen war zu sehen. Das perfekte Sommerwetter für einen ausgedehnten Spaziergang, für einen Cappuccino im Straßencafé oder für ein gutes Buch auf einer bequemen Parkbank.

Die alte Dame saß regungslos in ihrem Rollstuhl und schien hinaus auf den kleinen See zu schauen. Sie verbrachte die letzten Jahre ihres Lebens in diesem Pflegeheim, zu dem auch der schöne und weitläufige Garten gehörte. Sanft spielte der Wind mit den Blättern der großen Kastanienbäume, deren Schatten für angenehme Kühle sorgte. Die üppig blühenden gelben Rosen verströmten verschwenderisch ihren Duft.

'Ob sie das hier noch wahrnimmt? Ob sie überhaupt noch irgend etwas spürt? Die Sonne, den blauen Himmel oder diesen herrlichen Duft?', fragte sich Anne, als sie auf dem Weg zu ihrer Mutter den gepflegten Rasen überquerte. 'Es ist fast wie früher in unserem Zuhause - das es längst nicht mehr gibt'.

Als Anne den Rollstuhl erreicht hatte, legte sie der Frau sanft die Hand auf die Schulter. „Hallo Mutter ich bin´s", sagte sie und wusste genau, dass ihre Mutter nicht reagieren würde. Nicht auf sie, nicht auf das Geräusch des Flugzeugs und nicht auf den Duft der Rosen. Einfach auf gar nichts. Trotzdem sprach sie weiter. „Weißt du noch: zu Hause in unserem großen Garten? Wir hatten die gleichen Rosen. Du mochtest sie so sehr, dass sie überall im Garten angepflanzt werden mussten. Sogar Bowle hast du daraus gemacht."

Für einen Moment hielt Anne die Erinnerung fest, dann nahm sie auf einem der Gartenstühle, die den Besuchern zur Verfügung standen, Platz. „Jahrelang war ich wütend auf dich. Ich habe nie verstanden, warum du das alles gemacht hast. All das Unglück und das Leid." Sie holte tief Luft und fuhr dann leise fort: „Ich möchte mich bei dir entschuldigen. Ich weiß jetzt, was wirklich passiert ist. Es war nicht deine Schuld."

Vielleicht war es ein Zufall, vielleicht auch nicht, doch seit dem panischen Anruf ihres Vaters waren am heutigen Dienstag genau fünf Jahre vergangen. Hals über Kopf hatte sie damals alles stehen und liegen lassen und war in höchster Sorge zu ihm in die Villa geeilt. Ihre Mutter war spurlos verschwunden. Und ihr Elternhaus hatte sie nicht wieder erkannt: es war, als wäre es über Nacht vollständig geplündert und ausgeräumt worden und anstelle all der wertvollen Antiquitäten und lieb gewordenen Möbel und Einrichtungsgegenstände war billiger und wertloser Plunder getreten. Niemand hatte sich damals einen Reim auf das Ganze machen können. Ihr Vater war nie mehr über diesen Schock hinweg gekommen. Erst jetzt, da sie die ganze Geschichte endlich kannte, wusste Anne: heute vor fünf Jahren hatte die Vernichtung begonnen.

Sie spürte, dass ihr die Tränen kamen. Mit einer unwilligen Geste wischte sie sie beiseite und legte ihre Hand auf die ihrer Mutter. Gegen die aufkommende Bitterkeit gab es wohl kein Mittel. Selbst die schönsten Erinnerungen an eine glücklichere Zeit schmerzten durch das, was seit dem 28. Juli 2004 geschehen war.

Teil I

Der Anfang

---

23. Juli 1988
bis
1. August 2004

1988

23. Juli – van Reegh'sche Villa, Köln

Die Auffahrt zur van Reegh'schen Villa war komplett zugeparkt. Das große Haus war erleuchtet und auch überall auf dem parkähnlichen Grundstück brannten kleine Lampions. Der große Swimmingpool war durch farbige Scheinwerfer angestrahlt und die zahlreichen im Garten installierten Lautsprecher übertrugen die Tanzmusik aus dem Inneren des Hauses nach draußen. Wie immer am vorletzten Juli-Wochenende fand auch dieses Jahr wieder das große Sommerfest in der Villa statt.

Vera van Reegh stand gemeinsam mit ihrem Mann am Fuß der geschwungenen Eingangstreppe und begrüßte die ankommenden Gäste. Sie trug ein dezent veilchenblaues langes Kleid, der tiefe Ausschnitt zeigte eine makellos gebräunte Haut. Die neue kostspielige Halskette, die Heinrich ihr heute geschenkt hatte, passte genau zu den ebenso wertvollen Ohrringen und harmonierte perfekt mit ihren blonden Haaren. Mit ihren 46 Jahren war sie noch immer eine ausgesprochen schöne und charmante Frau, die auch den direkten Vergleich mit zehn Jahre jüngeren Geschlechtsgenossinnen keineswegs zu scheuen brauchte. Wie immer gut gelaunt fand sie für jeden der eintreffenden Gäste die passenden Begrüßungsworte. Ihr Mann Heinrich van Reegh ließ ihr in jeder Hinsicht den Vortritt. Er war stolz auf seine Frau und liebte sie abgöttisch.

Die Feste im Hause der van Reeghs erfreuten sich großer

Beliebtheit. Vera organisierte diese Veranstaltungen mit Hingabe und überließ auch nicht die kleinste Kleinigkeit dem Zufall. Die so genannte Society Kölns riss sich geradezu um eine Einladung.

Die Planungen des diesmal in besonders großem Rahmen geplanten Gartenfestes liefen seit Wochen auf Hochtouren. Der „Reegh´sche Sommertraum" bildete immer den Höhepunkt einer ganzen Reihe von Empfängen, die reihum in diesem Jahr bereits stattgefunden hatten. Vera van Reegh liebte diese Inszenierungen, bei denen sie auf jeden Fall immer im Mittelpunkt stand, dafür sorgte sie schon selbst.

Die 15-jährige Anne van Reegh liebte ihr Zuhause sehr, es war sehr schön, sehr luxuriös und es gab ihr immer den nötigen Halt und Geborgenheit. Doch wenn das vorletzte Juliwochenende ins Haus stand, verdüsterte sich ihre Laune regelmäßig. Die Gäste, mit denen sich ihre Mutter mittlerweile so gerne umgab, wussten die Schönheit des Anwesens wohl einfach nicht zu würdigen. Anne wusste genau, wie auch dieses Fest wieder ablaufen würde. Beete würden niedergetrampelt, knutschende Paare krochen durchs Gebüsch, Besoffene würden laut schreiend in den Pool springen. Letztes Jahr war sie Augenzeuge eines leidenschaftlichen Beisammenseins im Gartenpavillon geworden. Die einzige Reaktion ihrer Mutter war damals einmal mehr das lächerliche Bloßstellen der eigenen Tochter gewesen, die mit hochrotem Kopf quer durch den Garten rannte. Anne war verletzt und hasste diese Menschen.

Annes Onkel Max trug mit seiner Anwesenheit auch nicht gerade dazu bei, dass Anne sich wohler fühlte.

Max, der durch die Unterstützung Heinrich van Reeghs überhaupt erst zu einer akzeptablen beruflichen Position und zu einem gewissen Wohlstand gekommen war, hatte seine liebe Not, sich den stets an ihm nagenden Neid nicht anmerken zu lassen. Zum einen war seine Frau völlig grau und unscheinbar, zum anderen wollte auch er die Anerkennung, die die van Reeghs genossen. Drittens beneidete er Heinrich van Reegh aus tiefstem Herzen um seinen beruflichen Erfolg und das dadurch entstandene beachtliche Vermögen der Familie. Auch fehlte es ihm an Körpergröße und Erscheinung und seine trostlosen gelegentlichen Affären machten ihn auch nicht glücklicher. Seine Frau Ursula nahm das alles mit stiller, leidender Selbstverständlichkeit hin. Sie bewunderte Vera insgeheim und lachte verklemmt mit über die teils sehr geschmacklosen Scherze der neuen Reichen – auch dann, wenn sie gar nicht verstand, worum es eigentlich ging. Und natürlich ergriff sie niemals das Wort und hatte, wenn man es genau nahm, eigentlich gar keine eigene Meinung zu irgend etwas. In erster Linie war Ursula innen und außen grau.

„Wie gern würde ich auch eine solche Kette tragen, dann wäre ich auch so attraktiv wie Vera", sagte Ursula leise mehr zu sich selbst als zu ihrem Ehemann. ́Bei dir würden selbst die schönsten Diamanten trüb werden so hässlich wie du bist ́, dachte Max und legte seine Hand auf ihren Arm. „Wir haben doch schon so viel erreicht. Wozu brauchst du dann noch Diamanten?", wies er sie kurz zurecht. Er hatte mit seinem eigenen Neid und seiner Missgunst schon genug zu kämpfen an diesem Abend.

Anne saß fast die ganze Zeit auf der obersten Stufe der breiten Treppe, die ins Obergeschoss des Hauses führte, und beobachtete durch die Streben des Geländers das immer wildere Treiben im Erdgeschoss und im Park. Sie wusste, dass ihre Mutter sie am Liebsten zu solchen Gelegenheiten gar nicht im Haus gehabt hätte, seit sie im vergangenen Jahr dem feisten, selbstgefälligen Bauunternehmer Wirtz gesagt hatte, dass sie ihn nicht leiden könne und dass er sie nicht immer so zweideutig ansprechen solle. Sie wäre jetzt viel lieber bei ihrer geliebten Großmutter gewesen, die den Seitentrakt bewohnte und in der Küche der Villa noch immer ein liebenswert strenges Regiment führte.

Aber die Großmutter hatte sich in den letzten Tagen – und heute ganz besonders - zurückgezogen und war nicht zu sprechen. Zum ersten Mal hatte sie ihre Mithilfe bei Planung, Vorbereitung und Herstellung der Speisen des Sommerfestes mit dem Hinweis darauf verweigert, „mit diesen Kretins" nichts zu tun haben zu wollen. Kurz entschlossen hatte Vera daraufhin ihren Plan geändert und eine dieser neuerdings modernen Catering-Firmen mit der Bereitstellung eines höchst beeindruckenden Büffets beauftragt. Natürlich gegen entsprechendes Entgeld.

Als Anne genug davon hatte, dem alkoholgestützten freien Verfall der guten Sitten dieses so genannten „Sommertraums" weiter zuzusehen, zog sie sich in ihr Zimmer zurück. Aber selbst bei geschlossenem Fenster waren die Musik, das Lachen und das Stimmengewirr deutlich zu hören.

Zum Lesen fehlte ihr die Konzentration und Musik

hören wollte sie nicht. Am liebsten hätte sie die Leute alle nach Hause geschickt, damit endlich wieder Ruhe in ihrem Elternhaus einkehrte. Und was wohl mit Oma Martha los war? Normalerweise mischte sie sich doch auch immer mal unter die Gäste und begrüßte den einen oder anderen recht freundlich, unterhielt sich mit ihnen oder setzte sich dazu, um selbst ein Gläschen Wein mit zu trinken. Heute Abend hatte Anne sie noch gar nicht gesehen. Auch ihre Wohnung war völlig dunkel.

So langsam knurrte Annes Magen und so schlich sie sich unbemerkt die Treppe hinunter zur Küche, die zu ihrer großen Erleichterung gerade leer war. Rasch hatte sie sich von den bereit stehenden Speisen verschiedene Salate und etwas Brot auf den Teller geschaufelt und verschwand wieder genauso leise und unauffällig, wie sie gekommen war.

Obwohl ihr Plan eigentlich gewesen war, sofort wieder in ihrem Zimmer zu verschwinden, suchte sie sich dann doch oben auf der Galerie einen Platz, von dem aus sie die Party unbemerkt beobachten konnte.

Die meisten der anwesenden Gäste kannte Anne nicht. Außer dem stets irgendwie übel riechenden Onkel Max, dessen langweiliger Frau Ursula und seinem pickeligen Sohn Jürgen, der wie immer im Schlepptau seiner Eltern unterwegs war, sagte ihr keines der vielen Gesichter etwas. Anne konnte sich aber andererseits auch nicht erinnern, dass Max und die Seinen jemals gefehlt hätten, wenn ihre Eltern eingeladen hatten. Genauso wenig hätte sie sagen können, ob Onkel Max und seine Frau selber einmal eine Einladung ausgesprochen hätten, geschweige denn ein Fest gegeben. Aber das war wahrscheinlich auch besser so, denn wenn es jemanden aus Maximilians Familie gab, den sie wirklich überhaupt nicht ausstehen konnte, dann war es Jürgen: nach Beendigung seiner Banklehre war er in der Abteilung Anlageberatung recht schnell durch Kriechertum und eine flinke Auffassungsgabe aufgestiegen und kam auf dem Papier mit großen Summen in Berührung. Ganz klar gehörte er der Abteilung Angeber und Besserwisser an, und genau wie sein Vater war er in gleichen Teilen unangenehm und geldgeil.

Heute Abend bot sich jedenfalls mal wieder das vertraute Bild: während Ursula sich auf Beutezug rund ums Buffet befand und so dem Trubel rund um Vera einigermaßen aus dem Weg ging, suchte Max permanent die Nähe von Heinrich. Dabei war er sorgsam darauf bedacht, einen guten und souveränen Eindruck zu machen. Das allerdings war nicht leicht: er trug vorzugsweise billige graue Anzüge mit Weste und Nylon-Krawatten. Der Fassonschnitt des schütteren Haares war mit Pomade in Form gebracht und schnurgerade gescheitelt. Er versuchte seinem Auftreten eine gewisse Lässigkeit zu verleihen, was ihm allerdings aufgrund seiner Hemmungen und seiner besonders geringen Körpergröße nie so richtig gelang. Im Laufe der Zeit hatte er sich das Nicken angewöhnt: je nach Situation, Lage und Stimmung nickte er mal viel sagend, mal zustimmend, mal nachdenklich, mal begeistert, mal entsetzt. Immer aber blieb es – bei einem Nicken. Ob er vielleicht auch hier und da einmal so etwas wie eine eigene Meinung hatte, war eigentlich nicht bekannt. Auf jeden Fall war er ganz besonders darauf erpicht, bei seinen reichen Verwandten eingeladen zu werden. Und seine Cousine Vera, die immer wieder einmal mit dem einen oder anderen Auftritt für Furore sorgte, ermöglichte es ihm, seinen Sensationshunger zu stillen und dabei unbeschadet in der ersten Reihe zu stehen. Bei dem anschließenden Getratsche konnte er sich dann damit wichtig tun, dabei gewesen zu sein.

Wie aufs Stichwort tauchte Tante Ursula unten auf, sah sich kurz verstohlen um und steckte mit geübtem Griff eine ordentliche Menge der ausgelegten Petit Fours in ihre Handtasche, die sie vorher mit Frischhaltefolie ausgeschlagen haben musste. Fast musste Anne laut lachen.

Gerade wollte sie aufstehen und auch noch einmal hinunter schleichen, um sich erneut am Buffet zu bedienen, als ein Mann die Treppe hinaufkam. Er trug keinen Anzug oder Smoking und auch keine Krawatte, wie die anderen männlichen Gäste. Die Ärmel seines weißen Hemdes waren aufgekrempelt. In der Hand hielt er lässig ein Handtuch, mit dem er sich rasch über das verschwitzte Gesicht fuhr.

„Oh hab ich Dich gestört?", fragte er lächelnd, als Anne ihn mit ihrem leeren Teller in der Hand überrascht und zugleich kritisch musterte.

'Wahrscheinlich wieder so ein Heini aus Mutter´s neuem Freundeskreis´, dachte sie. 'Was fällt dem ein, hier so selbstverständlich die Treppe raufzukommen?´ Ohne eine Antwort abzuwarten, fuhr der vielleicht 30-jährige fort: „Ich suche das Bad, um mich ein wenig frisch zu machen. Ich habe den ganzen Abend Musik gemacht, das strengt ganz schön an: am liebsten wäre ich eben zur Abkühlung in den Pool gesprungen aber dann wären mir wahrscheinlich sämtliche älteren Damen hinterher gesprungen und das wollte ich dann doch lieber vermeiden", grinste er.

Bei dem Gedanken musste selbst Anne lachen und der fremde Mann war ihr nicht mehr ganz so unsympathisch, zumal er die anwesenden weiblichen Gäste wohl auch nicht so zu mögen schien.

Sie hörten, wie unten in der Halle zwei der besonders begeisterten und keineswegs mehr nüchternen Damen nach ihm Ausschau hielten.

„Kommen sie, hier geht's lang", sagte Anne schnell und wies ihm den Weg zum Gästebad. „Da ist alles, was sie brauchen. Ich passe draußen auf, dass man sie nicht findet."

Kaum war der Musiker verschwunden, erreichten die beiden Fans lachend die oberste Stufe. „Hör mal Kleines", sprach die vollschlanke Blondine, die Anne noch nie gesehen hatte, sie an. „Hast du den wahnsinnig attraktiven Sänger gesehen, der bis eben unten gesungen hat? Der ist ja wie vom Erdboden verschwunden", kicherte sie, während sie sich, leise schwankend, am Treppengeländer festhielt. „Komm Inge", sagte die andere, deren Gesicht in etwa die Farbe eines chinesischen Lampions angenommen hatte und damit einen recht interessanten Kontrast zu ihren auberginerot gefärbten Haaren bildete. Der künstliche Wimpernkranz an ihrem rechten Auge hatte überdies offenbar eigene Entscheidungen getroffen und schwebte mit einer Seite in der Luft. Bei jedem Wimpernschlag tanzte er auf und ab, was die Rothaarige nicht zu bemerken und die Blondine nicht zu interessieren schien. „Komm, woher soll das Kind denn wissen, wo er ist. Vielleicht hat Vera ihn sich schon geschnappt. Die ist doch eh´ so scharf auf ihn."

„Hier oben ist auf jeden Fall niemand!", sagte Anne recht unfreundlich und murmelte noch etwas Unverständliches hinterher. Sie empfand die beiden Frauen als sehr abstoßend.

„Hallo, hallo, junges Fräulein! Wir wollen uns doch jetzt nicht im Ton vergreifen, oder?", fauchte die Vollschlanke. Dann wendete sie sich zufrieden ab. „Komm, Schätzchen, vielleicht lässt uns die liebe Vera ja noch was übrig von ihm."

Anne wartete, bis die beiden unten angekommen waren, dann ging sie zum Gästebad, klopfte an und sagte leise: „Die Luft ist rein. Sie können raus kommen."

Kurze Zeit später saßen die beiden nebeneinander auf der obersten Treppenstufe und plauderten. Er erzählte Anne aus seinem Leben als Sänger, dass er viel herumreisen musste und dass ihm halt immer wieder solche Frauen wie die gerade eben hinterher steigen würden.

„Ich könnte das nicht", gab Anne offenherzig zu. „Ich kann diese Leute nicht ausstehen. Die haben überhaupt kein Benehmen und behandeln mich immer, als ob ich doof wäre. Und außerdem führen sie sich auf, als wenn das hier ihr Zuhause sei. Ich finde das einfach furchtbar!"

„Das merkt man. Aber du wirst deinen Weg schon gehen. Bleib so wie du bist und lass dich nicht verbiegen. Ich bin mir selbst auch immer treu geblieben. Das war verdammt schwer. Mir ging es in den vergangenen Jahren auch nicht immer so gut. Jetzt steh ich kurz vor meinem großen Durchbruch und plötzlich sind sie wie die Schmeißfliegen hinter mir her."

„Es ist sicher schön, wenn man Erfolg hat. Mir würde es schon reichen, wenn meine 5 in Mathe weg wäre. Das wäre schon ein Riesenerfolg für mich", meinte Anne leise.

„Du darfst nicht aufhören, an dich und deine Fähigkeiten zu glauben. Wenn es nicht die Mathematik ist, ist es mit Sicherheit eine andere Begabung, da bin ich mir sicher."

Von unten hörte man, dass die Band wieder zu spielen anfing. Der Musiker eilte zur Treppe. „Ich muss jetzt doch noch mal kurz in die Höhle des Löwen da unten. Bis bald einmal! Deine Mutter hat meine Adresse!"

„Na, dann viel Spaß", rief Anne ihm nach. Er hatte sie ernst genommen und verstanden, was sie bedrückte. Es lag also vielleicht gar nicht an ihr. Es stimmte vielleicht gar nicht, dass sie mit den Leuten nicht umgehen konnte, wie ihre Mutter immer behauptete, es kam wohl doch auf die Menschen an.

Sie ließ den Teller einfach stehen und ging leise in ihr Zimmer. Am liebsten wäre sie jetzt auch unten mit dabei gewesen und hätte der Band und vor allem ihrem Sänger zugehört. Wenn sie doch auch bloß so einen Bruder hätte, so einen wie ihn... Dem könnte sie dann alles erzählen...

Einige Zeit später sah Anne, dass in der Wohnung ihrer Oma Martha Licht war. 'Wo mag sie gewesen sein?', dachte sie noch, bevor sie endlich einschlief.

24. Juli – *van Reegh'sche Villa, Köln*

Kurz nach fünf wurde Anne von Geräuschen geweckt. Sie hörte Autotüren schlagen und Motorengeräusche. Dazwischen das laute Lachen ihrer Mutter. Sie schien die letzten Gäste zu verabschieden. Die Autos fuhren laut hupend davon und kurze Zeit später fiel die schwere Haustüre donnernd ins Schloss. Dann wurde es endlich ruhig im Haus. Gerade fielen Anne die Augen wieder zu, als sie hörte, wie ihre Eltern sich heftig stritten.

Die Stimme ihres Vaters dröhnte vor Zorn, während Vera zwischendurch hysterisch lachte und ihn zynisch nachäffte.

Heinrich schien mit dem Verlauf des Abends und den anwesenden Gästen überhaupt nicht einverstanden zu sein. „Deine neuen Freunde sind einfach nur peinlich und gehören nicht in diese Haus!", polterte er. „Und deine langweiligen Geschäftsfreunde sind schon halbtot und verfault vor lauter gutem Benehmen!", konterte sie sofort.

„Wenn ich gewusst hätte, dass du unser Sommerfest zu einer billigen Saufparty umgestalten wolltest, hätte ich sicherlich darauf verzichtet anwesend zu sein und auf gar keinen Fall einen meiner wichtigsten Kunden dazu eingeladen. Was glaubst du, welchen Eindruck Herr Friedrichshagen jetzt von uns hat? Was ist nur in dich gefahren?"

„Was interessiert mich dein Herr Friedrichshagen? Ich habe keine Lust mehr, hier zu verstauben. Ich will noch was haben von meinem Leben. Dir scheint das ja alles zu reichen, aber ich will Spaß haben, lachen, tanzen, singen und fröhlich sein. Vergammeln kann ich immer noch, wenn ich mal so alt bin, wie du dich offenbar jetzt schon fühlst!"

„Du hast bei deiner Aufzählung etwas vergessen!", schrie Heinrich zurück. „Nämlich dass du dich so gerne mit anderen Männern vergnügst. Oder glaubst du, ich wüsste das nicht?"

Anne zog sich die Decke über den Kopf und hielt sich noch zusätzlich die Ohren zu. Sie wollte das nicht hören. Es wurde immer schlimmer in den letzten Monaten. Hoffentlich würden sie sich nicht scheiden lassen. Das hörte sie bei ihren Klassenkameradinnen immer öfter, dass die Eltern sich scheiden ließen und die Kinder dann ins Internat mussten. Bloß das nicht. Anne konnte sich kaum beruhigen. Als sie dann trotz zugehaltener Ohren hörte, wie Porzellan zerbrach, liefen ihr die Tränen übers Gesicht. Wie lange sie weinend unter ihrer Bettdecke gelegen hatte, wusste sie nicht genau. Aber endlich wurde es wieder ganz still im Haus. Ein Blick auf die Uhr. Es war fast sechs. Gleich würde Oma Martha aufstehen, dann konnte sie zu ihr gehen und mit ihr über alles reden. Anne hatte solche Angst, dass ihre Eltern sich trennen würden.

Schließlich gewann die Müdigkeit und Anne schlief noch einmal ein. Dennoch saß sie pünktlich um halb zehn mit Oma Martha beim Sonntagsfrühstück. Ihre Eltern schienen noch zu schlafen.

Martha erzählte Anne, dass sie den Abend lieber bei der Nachbarin Frau Brock verbracht hatte. Anne berichtete von ihren Erlebnissen am Abend und dass die Eltern sich im Morgengrauen laut und wütend gestritten hatten. Und dass sie Angst habe, dass sie sich scheiden lassen würden. Das Scheppern des Porzellans erwähnte sie nicht.

„Die kriegen sich schon wieder ein, mein Kind. Das kommt in den besten Familien vor, dass sich Eheleute mal streiten. Deshalb lässt man sich doch nicht gleich scheiden", versuchte Martha sie zu beruhigen. „Lass uns lieber an die Ferien denken, es ist ja nicht mehr so lange, dann fahren wir zum Chiemsee."

Doch so richtig überzeugend klang das, was Martha ihr da erzählte, nicht in Annes Ohren.

Nach dem Frühstück ging Anne in den Garten. Der Anblick machte sie so wütend, dass sie am liebsten laut geschrien hätte.

Die Beete waren niedergetrampelt, der Blumenschmuck auf den Tischen auseinandergerupft, die hohen Ständer mit den einstmals kunstvoll arrangierten Gestecken umgestoßen. Speisereste und Schlimmeres schwammen im Pool und überall lagen Gläser, Teller und leere Champagnerflaschen herum. „Wie eine Horde Wildschweine", dachte Anne und ging wütend zurück ins Haus.

Am frühen Nachmittag hatte das Personal die schlimmsten Spuren des Festes beseitigt. Martha saß mit einem Buch auf der Veranda, als Anne sich zu ihr an den Tisch setzte, ungestüm ein Glas Saft einschenkte und es in einem Zug leerte. „Was ist los Kind? Hast du dich geärgert?"

„Das kann man wohl sagen. Hast du gesehen, wie der Garten aussieht? Die benehmen sich wie die Wildschweine. Was sind das nur für Leute? Ich mag die nicht. Außer Onkel Max und seine Familie kenne ich nicht einen von Ihnen?" antwortete Anne und fuhr aufgebracht fort: "Kennst du dieses Pack?"

„Anne! So spricht man nicht von den Gästen seiner Eltern!", wies Martha ihre Enkelin zurecht. Dabei musste sie sich ein Lächeln verkneifen.

„Doch. Ich schon. Von denen ist einer schlimmer als der andere. Solche Leute gehören hier nicht hin - oder bist du anderer Meinung?"

„Nun ja, du hast Recht. Ich kenne diese Leute auch nicht und bin auch froh dass sie wieder weg sind. Aber vielleicht bin ich ja auch nur zu alt für so etwas."

„Und ich wohl noch zu jung, was?" antwortete Anne trotzig.

In diesem Moment erschien Vera und einige Schritte hinter ihr auch Heinrich.

„Na, toll, dann ist ja jetzt wieder die ganze Familie zusammen" murmelte das junge Mädchen. Ihre Eltern machten beide einen ziemlich zerknirschten Eindruck. Vera sah aus, als ob sie die letzten Stunden geheult und Heinrich, als ob er überhaupt noch kein Auge zugetan hätte.

Bis auf ein paar Höflichkeitsfloskeln herrschte eisiges Schweigen am Tisch.

12. August – *van Reegh'sche Villa, Köln*

Einige Tage später war die Stimmung im van Reegh'schen Haus wieder fast wie immer. Als Anne aus der Schule kam, traf sie ihre gut gelaunte Mutter und Martha auf der Veranda an. Vera erzählte gerade, dass Heinrich und sie zusammen kurz entschlossen eine Südamerika-Kreuzfahrt gebucht hatten. Natürlich auf einem Luxusliner in einer der teuren Außenkabinen. Selbstverständlich gehörten auch die entsprechenden Landausflüge in Buenos Aires und Rio de Janeiro dazu.

Es war geplant, dass die Eltern ihre Reise in wenigen Tagen antreten würden, also kurz vor Annes und Marthas Aufbruch zum Sommerhaus am Chiemsee.

Ein paar Minuten später entschuldigte sich eine aufgekratzte Vera mit dem Hinweis, dass sie sich jetzt um ihre Garderobe kümmern müsse, weil die Zeit bis zur Abreise doch recht knapp bemessen sei.

„Du hattest Recht Oma, sie haben sich Gott sei Dank wieder vertragen. Bin ich froh, dass sie sich nicht scheiden lassen!", lachte Anne erleichtert und achtete gar nicht auf Marthas sorgenvollen Blick. ʹHoffentlich wirst du nicht enttäuschtʹ, dachte die alte Frau und spürte wieder einmal dieses unangenehme Ziehen in der Brust.

Wenige Tage später erfolgte die Abreise der Eltern. Während Anne und Martha im Hauseingang standen und winkten, beschlich Martha das deutliche Gefühl, dass ab jetzt nichts mehr so sein würde, wie es war.

Anne war zwar ein wenig traurig, dass ihre Eltern wieder einmal ohne sie in Urlaub fuhren, freute sich aber gleichzeitig auch darauf, dass es nun bald mit Martha in die Ferien ging.

31. August - *van Reegh´sches Sommerhaus, Chiemsee*

Martha und Anne waren nun schon seit zwei Wochen am Chiemsee. Seit frühester Kindheit fuhr Anne regelmäßig statt mit ihren Eltern mit der Großmutter in das van Reegh´sche Sommerhaus. Hier war Anne immer deutlich ausgeglichener und fröhlicher als zuhause. Es war offensichtlich, wie sehr sie das angespannte Verhältnis zwischen ihren Eltern belastete.

In diesem Jahr hatte Anne es kaum erwarten können, endlich in den Chiemgau zu kommen. Im Gegensatz zu früher hatte sie bereits Tage vor der Abreise fertig gepackt. Sie hatte mit ihren Freunden aus Prien telefoniert, die sie seit frühester Kindheit kannte und Verabredungen zum Bergwandern, Segeln und anderen Aktivitäten getroffen. So hatte Martha ihre Enkelin noch nie erlebt. ´Sie wird flügge und zunehmend selbstständig´, dachte Martha. ´Es wird Zeit, dass ich ihr demnächst von meinem kleinen Geheimnis erzähle.´

Das alte Sommerhaus hatte Heinrich zu Beginn ihrer Ehe erworben, um Vera eine Freude zu machen. Die beiden waren frisch verliebt: in einander und in den Chiemgau. So nutzten sie in den ersten Jahren jede Gelegenheit, um dort gemeinsam Urlaub zu machen. Mit viel Liebe zum Detail hatte Vera damals renovieren lassen und eingerichtet. Über die Jahre war es ein Paradies geworden. Das Grundstück lag direkt am See, vom Bootshaus führte ein langer Steg ins tiefere Wasser. Schon bald hatten sie sich eine Segelyacht angeschafft und waren dem Yachtclub in Prien beigetreten.

In den letzten Jahren allerdings wurden weder Haus noch Boot regelmäßig genutzt. Wie aus heiterem Himmel heraus gefiel Vera das Landleben plötzlich nicht mehr und das Haus war ihr mit einem Mal zu einfach, zu ländlich, zu unspektakulär, zu langweilig. Am Segeln hatte sie das Interesse verloren und die regelmäßigen Treffen im Yachtclub hielt sie für reinste Zeitverschwendung. Alles, was Heinrich und vor allem Vera jemals mit dem Haus und der Umgebung verbunden hatte, schien nicht mehr wichtig zu sein, vergessen, wie aus einer längst vergangenen Epoche.

Dennoch wurden Haus und Grundstück von einem liebenswerten Ehepaar in Ordnung gehalten. Ludwig, ein ortsansässiger Gärtner, pflegte seit jeher das parkähnliche Grundstück, kümmerte sich um fällige Reparaturen, hielt das Bootshaus in Schuss und sorgte sich auch um das Boot. Er war mittlerweile Rentner und steckte in die Pflege des vereinsamten Anwesens seine ganze Energie. Seine Frau Klara führte den Haushalt und kümmerte sich um das Haus, sah überall nach dem Rechten, bis die Familie oder besser: Anne und Martha in den Ferien wieder kamen.

Klara war Haushälterin aus Leidenschaft und versorgte „ihre Lait" wie sie sie nannte, mit der traditionellen bayerischen Küche. Hierzu hatte sie vor langer Zeit einen kleinen Teil des großen Gartens hingebungsvoll in einen Gemüse- und Kräutergarten verwandelt. Da ihre Ehe kinderlos geblieben war, waren die van Reeghs im Laufe der Jahre ihre Ersatzfamilie geworden. Die Veränderungen im van Reegh´schen Familienleben der letzten Jahre hatte auch sie bemerkt und sich häufig mit ihrem Mann darüber unterhalten. Dieser jedoch war der Ansicht, dass sie das nichts angehen würde.

Anne hörte Klara gerne zu, wenn sie von ihrer Jugend drüben auf der Fraueninsel erzählte, wenn sie ihr erklärte, welche Kräuter man zu welchen Zwecken nutzte und welche Bedeutung die Natur in ihrem Leben hatte. Durch Klaras Bodenständigkeit erhielt Anne großen Einblick in eine andere Lebensweise, nämlich die, die auch ihrer Großmutter Martha von Kindesbeinen an vertraut war und von der sie ihr immer wieder ausführlich erzählte.

Je älter Anne wurde, desto besser gefiel ihr dieses fest verwurzelte Leben und umso stärker fielen ihr auch die Veränderungen, die Spannungen und Probleme in ihrem Elternhaus auf. Das Verhältnis der 15jährigen zu ihrer Mutter war angespannt, was natürlich niemanden wirklich überraschte. Allerdings gab Vera auch sehr gerne Annes pubertätsbedingte Veränderungen und „Geschichtchen" im Freundeskreis zum Besten, was ihre Tochter natürlich zutiefst verletzte.

Auch Martha, die Veras Entwicklung in den letzten Jahren mit den Augen einer besorgten Mutter beobachtet hatte, litt unter der Veränderung ihrer Tochter. Es tat ihr weh, eine Kluft sich öffnen zu sehen, in der Vera immer lebenslustiger und Heinrich immer ernster und stiller wurde. Und natürlich distanzierte sich auch Anne mehr und mehr von ihrer Mutter. Martha hatte mehr als einmal den Eindruck, dass Anne sich für ihre Mutter schämte. Irgendwann bald würde sie das Mädchen zur Seite nehmen und ihr in wenigen klaren Worten die Werte vermitteln, die ihr wichtig und wertvoll erschienen. Und das, was Vera tat und machte, würde sie in diesem Zusammenhang mit keiner Silbe erwähnen.

In den Gesprächen mit Klara und im bodenständigen Leben am Chiemsee erkannte Anne immer stärker, dass es auch „anders" ging, wie sie es immer nannte. Anne liebte diese Zeit, die so ganz anders gefüllt war, als in ihrem Elternhaus: natur- und traditionsgebunden, dem Wechsel der Jahreszeiten und den Gesetzen der Natur angepasst. Kein Lärm, keine Parties, kein Glamour.

Ludwig nahm sie oft mit zum Angeln und gemeinsam mit Martha bereitete Klara dann gern den frischen Fisch zu. Nach dem Essen saßen die Vier dann regelmäßig in der Küche und plauderten, bis es für alle Zeit war, ins Bett zu gehen. Hier fand Anne den Ersatz für ein Familienleben, das sie in ihrem eigenen Elternhaus immer stärker vermisste.

31. August – *MS Prosecco, Südatlantik*

Ein paar tausend Kilometer entfernt befanden sich Vera und Heinrich zur gleichen Zeit auf dem Sonnendeck eines Luxusliners. Es war nicht das erste Mal, dass Heinrich versuchte, die Ehekrise durch besonders großzügige Geschenke in den Griff zu kriegen. Aber es wurde immer schwerer, die exzentrische Vera zufrieden zu stellen. Hatte sie sich zu Anfang ihrer Ehe noch über ein Parfum oder einen Strauß Blumen gefreut, so wurden die Ansprüche im Laufe der Jahre immer größer.

Er hatte die Herausforderung gerne angenommen und sich wirklich Mühe gegeben, ihr immer wieder eine neue und größere Freude zu bereiten. Bereits zum dritten Mal hatte sie die Villa nach ihren Plänen und Ideen umbauen und ausstatten, den Garten neu gestalten lassen und fast das gesamte Personal ausgetauscht. Ein Logenplatz bei den Salzburger Festspielen, ein besonders schönes Schmuckstück vom Juwelier aus Paris, ein maßgeschneidertes Designerkleid aus Mailand. Er hatte wirklich keine Kosten und Mühen gescheut.

Zufriedener wurde sie dadurch nicht und das hatte ihn über die Jahre irgendwie müde gemacht.

Nicht, dass ihn das viele Geld gereut hätte, das ihre Extravaganzen verschlangen, er hatte nur allmählich einfach keine Lust mehr dazu, jeder ihrer Launen nachzugeben. Heinrich hatte den Eindruck gewonnen, dass seine Frau ihm täglicher fremder wurde und ihre Beziehung ihm durch die Finger glitt. Die große Kreuzfahrt sah er als einen der letzten ernst gemeinten Versuche an, Vera wieder auf den Boden der Tatsachen zu stellen und zu retten, was noch zu retten war. Er liebte sie schließlich immer noch.

Aber schon nach wenigen Tagen war ihm bewusst geworden, dass auch diese Luxusreise keine Zauberwirkung entfalten würde. Zwar hatten sich die beiden in den letzten Tagen nicht gestritten, aber das lag wohl nur daran, dass er ihr auswich, wenn sie Streit suchte. Dass er selbst gestern Abend beim Captain's Dinner schmallippig darüber hinweg gesehen hatte, wie sie ganz offensichtlich versuchte, mit dem Kapitän zu flirten.

Gerade saß Vera mit einem fast leeren Glas Champagner in der Hand auf dem Sonnendeck und scherzte aufreizend mit einem deutlich jüngeren, gut aussehenden Mann, als Heinrich, Veras Champagner-Nachschub auf einem kleinen Tablett balancierend, hinzu trat. Er machte wie immer gute Miene zum bösen Spiel, bewahrte Haltung und grüßte Veras Gesprächspartner, obwohl er innerlich vor Wut kochte.

Als Vera ihn jedoch mit den Worten: „Ah, da kommt ja mein wie immer bestens gelaunter Gatte und Getränkehalter!", lautstark begrüßte, riss ihm endgültig der Geduldsfaden. Wortlos stellte er die Getränke ab, machte auf dem Absatz kehrt und ging in die Kabine. Er hatte sich jahrelang etwas vorgemacht, hatte gehofft, gekämpft und darauf vertraut, dass alles noch einmal gut werden könnte. Jetzt war ihm klar, dass es wirklich keine Hoffnung mehr gab: sie war zerplatzt wie eine Seifenblase. Er wollte nur weg. Weg von ihr, weg von diesem Schiff. Weg von allem.

Heinrich hinterließ auf dem Schreibtisch in der Kabine eine kurze Nachricht, in der er Vera mitteilte, dass er Abstand von ihr und dem Zusammenleben mit ihr brauche. Er würde die Reise abbrechen und zum Chiemsee fahren. Sie solle die Zeit bitte nutzen, um über die weitere Zukunft nachzudenken.

Nach einem kurzen und diskreten Gespräch mit dem ersten Offizier wurde sofort die Abreise organisiert. Da sich das Schiff zu diesem Zeitpunkt in der Nähe von Buenos Aires befand, war es kein Problem, rasch mit einem Boot zum Hafen zu gelangen.

Während Heinrich das Wassertaxi an einem kleinen Nebenkai verließ, bestellte Vera gerade die dritte Flasche Champagner und widmete sich vollends der Aufmerksamkeit des jungen Mannes.

Wenig später befand sich Heinrich auf dem Nachtflug nach München.

2. und 3. September - *van Reegh'sches Sommerhaus, Chiemsee*

Anne war schon früh mit dem Ruderboot raus gefahren, bevor der große Touristenrummel auf dem See einsetzte. Sie liebte diese besondere Stimmung zwischen der scheidenden Nacht und dem heraufziehenden Tag ganz besonders.

Früher war sie oft mit ihrem Vater auf den See gefahren, wo er viel über seine Liebe und Ehrfurcht zur Natur sprach. Er zeigte ihr die Nistplätze der Wasservögel im Schilf oder sie beobachteten schweigend den Sonnenaufgang. Wenn es dann am Morgen schon warm war, sprang sie schon ein gutes Stück vor dem Bootssteg ins Wasser und schwamm den Rest. Gemeinsam liefen sie dann über die Wiese hoch zum Haus, wo Klara bereits den Frühstückstisch gedeckt hatte und aus der Küche der Geruch von frisch gebrühtem Kaffee, selbst gebackenen Brötchen und Rühreiern mit Speck drang.

„Siehst du, mein Schatz?", pflegte Heinrich bei solchen Gelegenheiten immer zu sagen und warf dabei gerne einen kurzen Seitenblick auf seine um diese Zeit meist noch recht verschlafene Frau. „Brot, Eier, Kaffee und ein schöner Platz, um das Ganze aufzuessen. Mehr braucht man eigentlich gar nicht – Geld, Besitz, Erfolg und Luxus sind wirklich nicht alles im Leben!"

Es war eine wunderschöne und unbeschwerte Zeit.

Als Anne jedoch an diesem Morgen zurückruderte, fühlte sie ganz und gar nicht unbeschwert. Eine seltsame Last lag auf ihrer Seele. Es fühlte sich an wie Abschiedsschmerz. 'Oder ist das Angst?`, fragte sie sich. 'Wovor sollte ich denn hier schon Angst haben?`. Sie schüttelte unwillig den Kopf, machte das Boot fest und ging langsam und nachdenklich hinauf zum Haus.

Aus der Küche drangen die Stimmen von Martha, Klara und deren Mann. „Anne! Schön dass du da bist. Wir haben auf dich gewartet".

Als die vier zusammen auf der großen Terrasse frühstückten, erzählten und lachten, hatte Anne ihr seltsames Gefühl von vorhin wieder vergessen. Ludwig gab einige Anekdoten aus längst vergangenen Zeiten zum Besten und trug so seinen Teil zu der ausgelassenen Stimmung bei. Anne schaute traumverloren auf den See hinaus, auf dem sich um diese Uhrzeit bereits eine Menge Segelschiffe tummelten. Ruhig und friedlich glitten sie über die glitzernde Wasseroberfläche. Ein leichter Wind bauschte die Segel und brachte ein wenig Abkühlung, denn es war bereits recht warm. Martha folgte Annes Blick und genoss den Moment und den Frieden genauso, wie ihre Enkelin.

Die Ruhe wurde durch das Anfahren eines Autos vor dem Haus jäh unterbrochen. „Wer kommt denn da?", fragte Martha erstaunt. „Ich schau schnell nach", rief Anne und rannte bereits ums Haus herum. „Papa!

Das ist aber eine Überraschung!", hörte die verdutzte Großmutter ihre Enkelin rufen.

Anne fiel Heinrich überschwänglich um den Hals und freute sich riesig, ihn zu sehen. „Wieso bist du hier? Wie war der Urlaub? Wie lange bleibst du? Wo ist Mutter?" – „Langsam, langsam", lächelte Heinrich müde. Dann drückte er seine Tochter so fest, dass ihr fast die Luft wegblieb. „Lass mich doch erst einmal reinkommen!"

„Wir sind gerade fertig mit Frühstück. Ich laufe schnell rein, damit Klara dir frischen Kaffee und Rührerei macht. Du hast doch bestimmt noch nix gefrühstückt um diese Zeit?"

Auch Martha war inzwischen um das Haus gekommen und begrüßte ihren Schwiegersohn herzlich, als der gerade die Koffer aus dem Leihwagen hievte.

Anne sprang aufgeregt in der Küche umher. „Kannst du ihm bitte frischen Kaffee machen und Rührerei und etwas frisches Obst. Oder vielleicht möchte er ja was anderes. Ich bin so froh, dass er da ist. So eine Überraschung!", und schon war sie wieder auf dem Weg zur Veranda, wo Heinrich inzwischen auch den erstaunten Ludwig begrüßt hatte und nun auf dem Weg ins Haus war, um sich kurz frisch zu machen.

Nach dem Frühstück hatten Heinrich und Martha, auf deren Gesicht sich ein mehr als fragender Ausdruck gelegt hatte, den Frühstückstisch für sich allein. In knappen Worten schilderte er die Gründe für seinen vorzeitigen Abbruch der Reise, warum er zum See gekommen war, dass Vera noch unterwegs sei und er sich hier in aller

Ruhe überlegen wollte, wie es jetzt weitergehen solle.

Martha bestätigte, dass sie diese Entwicklung hatte kommen sehen, aber genau wie er immer noch hoffte, dass alles wieder ins Lot kommen würde. Auf jeden Fall freute sie sich jetzt erstmal, dass ihr Schwiegersohn da war. Fast war es wieder so schön wie vor einigen Jahren.

Nachmittags fuhren Anne und Heinrich hinaus auf den See und genossen die Zeit zu zweit. Anne hatte sich mit der kurzen Erklärung zufrieden gegeben, dass Vera noch auf der Kreuzfahrt sei und sich nicht getraut, weiter zu fragen. Doch das seltsam beklemmende Gefühl von heute morgen war ganz sicher wieder da.

Am nächsten Morgen saßen alle außer Martha am Frühstückstisch. Die Sonne stand strahlend blau am Himmel und Heinrich machte mit seiner Tochter Pläne für den Tag. „Wo bleibt denn Oma?", wollte Anne gerade fragen, als Martha endlich auf der Veranda erschien. „Alles in Ordnung mit dir, Martha?", fragte Heinrich besorgt. „Du siehst nicht gut aus." „Mir war die ganze Nacht übel und schwindelig ist mir auch", antwortete Martha. „Ich glaube, ich lege mich gleich wieder hin." „Kommt gar nicht in Frage. Ich fahre dich gleich ins Krankenhaus und da lässt du dich mal untersuchen. Es kann ja durchaus was Ernstes dahinter stecken in deinem Alter. Das war doch vor einigen Wochen auch schon mal oder?", hakte Heinrich nach. „Ja, aber es ist auch von allein wieder weggegangen und das wird dieses Mal sicher auch so sein."

„Keine Widerrede. Du bist schließlich auch nicht mehr die Allerjüngste!" „Vielen Dank Heinrich, sehr taktvoll", antwortete sie „Aber wenn es dich beruhigt, fahren wir halt ins Krankenhaus".

Dass Heinrich gut daran getan hatte, seine Schwiegermutter ins Krankenhaus zu bringen, bestätigte sich kurz darauf. Der untersuchende Arzt erklärte, dass Martha ein schwaches Herz habe und sich dringend schonen müsse. Er könne ansonsten für nichts garantieren. Es sei sowieso ein Wunder, dass sie noch so gut auf den Beinen sei. Er vermutete dass es sie ungeheuer viel Kraft kosten würde, sich nichts anmerken zu lassen. Aufregung und Stress könnten zu einem schnellen Tod führen, warnte er Heinrich noch einmal eindringlich.

Auf der Rückfahrt schimpfte Martha: „Dass diese Ärzte immer so übertreiben müssen! Ich muss eben ein wenig langsamer machen. Wir werden halt alle nicht jünger."

„Da hast du Recht. Wir werden alle nicht jünger", stimmte er ihr nach einer kurzen Pause zu. ´Fast alle. Mit einer Ausnahme`, dachte er. `Vera scheint über ihr Alter irgendwie erhaben zu sein. Sie benimmt sich immer noch wie ein Teenager`.

Abends, kurz vor Sonnenuntergang, das letzte Schiff war von den Inseln abgefahren, wurde es ganz ruhig auf dem See. Anne saß vor dem Bootshaus und schaute bedrückt in die wunderschöne Kulisse. Soviel hatte sich in den letzten Tagen ereignet. Irgendwie war sie sich sicher, dass, wenn sie das nächste Mal hierher käme, nichts mehr so sein würde, wie jetzt.

Das beklemmende Gefühl ließ sie an diesem Abend gar nicht mehr los. Sie ahnte nicht, dass es für lange Zeit ein vertrauter Begleiter werden sollte.

7. September - *Krämergasse 24, Köln*

Es wurde gefeiert.

Max, sein Sohn Jürgen und dessen Freund Peter saßen im Wohnzimmer und unterhielten sich ausgelassen. Lachend erzählte Jürgen von seinem beruflichen Erfolg. Er war in seiner Bank als Anlageberater tätig. Heute hatte er einige ertragreiche Geschäfte für seine Kunden getätigt und dabei zum ersten Mal neben seinen üblichen Provisionen auch noch eigene Gewinne erzielt.

Das Gespräch wurde durch ein Klingeln an der Haustür unterbrochen. Ursula, Maximilians Frau, öffnete die Wohnzimmertür und Vera stürmte an ihr vorbei ins Zimmer. Sie bebte immer noch vor Wut, weil sie Heinrich nicht im Haus vorgefunden hatte und polterte nach einer halbherzigen Begrüßung gleich los: „Wo gibt es denn so etwas? Lässt der mich in Buenos Aires einfach auf dem Schiff sitzen und hinterlässt mir nur einen Brief. Fünf Tage hat es gedauert, bis ich in Rio von Bord kam, um nach Hause zu fliegen. Und dann komme ich heim und Heinrich ist gar nicht da."

Nachdem sich Vera ihren Zorn von der Seele geredet hatte, holte sie mehrmals tief Luft. „Nun beruhige dich erst einmal und trink ein Glas mit uns." Ohne ihre Zustimmung abzuwarten, schenkte Max ihr ein und prostete ihr zu. „Wieso gibt's denn bei euch Sekt mitten in der Woche?", fragte Vera überrascht „Habt ihr was zu feiern?"

„Ja, Tante Vera, ich habe heute in der Bank ein gutes Geschäft gemacht."

„Und wer sind sie? Ein Kollege von Jürgen?", fragte Vera den attraktiven jungen Mann, der neben Jürgen saß und sie die ganze Zeit anschaute.

„Ich bin Peter Gruber. Jürgen und ich sind schon seit einigen Jahren befreundet. Ich hab schon viel von ihnen gehört".

„Na, hoffentlich nur Gutes", lächelte sie ihn an.

Ursula, die graue Maus, hatte sich während des Gesprächs wie üblich zurückgezogen. Sie stand derweil in der Küche und bereitete das Abendbrot vor. Vera, die immer schon ein wenig Mitleid mit ihr hatte, ging zu ihr.

Ursula war froh, dass Vera gekommen war, weil Sie den Männergesprächen nicht immer folgen konnte und sich langweilte, wenn sie nur zwischen ihnen saß. „Ist das denn mit deinem Heinrich so schlimm? Ich hatte das Gefühl, dass bei euch alles in Ordnung ist. Dir geht es doch gut! Ein großes Haus, keinerlei finanzielle Sorgen, immer wieder schöne Feste und eure Urlaubsreisen sind doch auch immer toll."

„Das ist doch nur das, was man von außen sieht. Seit Jahren sitze ich alleine zu Hause. Frühmorgens geht er aus dem Haus und spätabends kommt er zurück. Gemeinsam gehen wir nur aus, wenn es aus gesellschaftlichen Anlässen unumgänglich ist. Am Wochenende sitzt er in seinem Büro und brütet über Geschäftspapieren. Das alles sieht natürlich keiner. Nur die schicke Villa, den Schmuck und die Feste. Wie es mir dabei geht, interessiert doch niemanden."

´Es gibt Menschen, denen geht es schlechter als dir´, dachte Ursula, traute sich aber nicht, das laut auszusprechen.

„Bleibst du noch zum Abendessen, Vera?", meinte sie stattdessen.

„Ach du liebe Zeit, ist es schon so spät?", antwortete Vera mit einem Blick auf die Uhr. „Max kannst du mir bitte ein Taxi rufen? Ich habe völlig die Zeit vergessen."

Jürgen stieß Peter mit dem Ellenbogen in die Seite, sah ihn an und deutete leicht mit dem Kopf auf Vera. Peter stutzte zunächst, verstand aber dann sehr schnell, was Jürgen von ihm wollte.

„Frau van Reegh ich wollte auch gerade los. Ich fahre sie gerne nach Hause."

„Das ist nicht nötig, ich rufe mir ein Taxi."

„Aber es macht mir wirklich nichts aus, sie zu Hause abzusetzen."

„Das ist sehr nett von ihnen Peter, also, wenn es ihnen wirklich nichts ausmacht, nehme ich ihr Angebot an." Ursula begleitete die beiden zur Tür. Bevor sie gemeinsam das Haus verließen, drehte sich Peter noch einmal um und sah, wie Jürgen feixend den Daumen in die Höhe reckte.

Das Cabrio älteren Baujahrs parkte vor dem Haus. Galant hielt Peter Vera die Beifahrertür auf und sie ließ sich auf den Beifahrersitz fallen.

„Huch, ist das niedrig, ich habe das Gefühl auf der

Fahrbahn zu sitzen", lachte sie.

„Das passiert den meisten, die zum ersten Mal einsteigen, aber man gewöhnt sich sehr schnell daran."

Peter startete den Wagen und fuhr mit ziemlichem Tempo los. „Peter, bitte, könnten sie ein wenig langsamer fahren?", bat Vera ihn ängstlich und fügte scherzhaft hinzu: „Ältere Damen fahren halt nicht mehr so schnell."

„Aber gnädige Frau, sie sind doch sehr attraktiv, von alt kann doch gar keine Rede sein!"

Während der Fahrt musterte Vera den jungen Mann am Steuer. Er war lässig schick gekleidet, leichter Sommeranzug, keine Krawatte, die beiden oberen Knöpfe seines Hemdes offen, die schwarz gelockten nach hinten gekämmten Haare ein wenig länger als normal üblich. Die leicht gebräunte Haut unterstrich sein sportliches Aussehen.

Bei der Villa angekommen ließ sie Peter vor dem Tor anhalten und bedankte sich für seine Mühe. Es habe ihr richtig Spaß gemacht, in solch einem flotten Sportwagen mitzufahren. Sie habe sich um 20 Jahre jünger gefühlt.

„Das freut mich, gnädige Frau. Vielleicht darf ich sie einmal abholen und sie zu einer Fahrt im offenen Wagen einladen, sowie das Wetter geeignet dafür ist."

„Das ist eine gute Idee, rufen sie mich doch einfach an, wenn es soweit ist. Und sagen Sie Vera zu mir! Tschüss Peter!" Sie drückte ihm einen Kuss auf die rechte Wange, öffnete die Tür, stemmte sich aus dem Sitz und stand neben dem Auto, bevor Peter überhaupt reagieren konnte, um ihr beim Aussteigen behilflich zu sein. Sie winkte ihm noch mal vom Tor aus zu und war dann hinter der Hecke verschwunden. Peter blieb noch einen Moment benommen sitzen und startete dann erneut seinen Wagen.

Vera begab sich in ihr Ankleidezimmer und zog sich um. In bequemer Kleidung setzte sie sich mit einem Buch in den Wintergarten. Doch ihre Gedanken schweiften zu Peter ab. Charmanter Kerl. Er erinnerte sie an jemanden. Sah er nicht dem griechischen Sänger ähnlich, der vor kurzem in der Musiksendung im Fernsehen sein Debüt gegeben hatte – wie hieß der denn bloß? Sie kam nicht auf den Namen - war ja auch nicht wichtig. Auf jeden Fall freute sich auf die bevorstehende Fahrt mit ihm im offenen Cabriolet.

Peter war unterdessen zuhause angekommen und fand wider Erwarten einen Parkplatz direkt vor dem Haus. Er bewohnte eine kleine Zweizimmerwohnung im Dachgeschoss. In der Diele streifte er sich die Schuhe von den Füßen, warf sein Jackett über die Armlehne eines Sessels im Wohnzimmer und ging auf Socken zum Kühlschrank. Er angelte sich ein kühles Bier heraus, öffnete den Bügelverschluss und nahm einen großen Schluck direkt aus der Flasche. Nachdem er sich aufs Sofa gesetzt und die Füße auf den Couchtisch gelegt hatte, zog er sich das Telefon heran und wählte Jürgens Nummer.

„Na, Peter, wie ist es gelaufen?"

„Deine Tante ist eine nette Frau. Wir haben uns während der Fahrt gut unterhalten. Sie hat meine Einladung zu einer Fahrt im Cabrio angenommen."

„Und wann fahrt ihr?"

„Sowie das Wetter wieder warm genug ist. Ich soll sie dann einfach anrufen."

„Also hast du keinen konkreten Termin. Denk´ dran, man soll das Eisen schmieden, solange es heiß ist und die van Reeghs haben Geld wie Heu. Warte nicht so lange mit dem Anruf, sonst überlegt sie es sich am Ende noch anders!"

8. September – *van Reegh'sche Villa, Köln*

Am Nachmittag des nächsten Tages kehrten Heinrich, Martha und Anne vom Chiemsee zurück.

Vera freute sich darauf, ihre Mutter und ihre Tochter wieder zu sehen. Heinrich gegenüber blieb sie distanziert und zurückhaltend. Es wurde auch kein Wort darüber verloren, wie sie nach Hause gekommen bzw. wieso Heinrich zu den beiden anderen nach Prien gefahren war.

Es kam überhaupt immer häufiger vor, dass im Hause van Reegh lieber geschwiegen wurde als über bestehende Probleme zu reden bzw. eine gemeinsame Lösung zu suchen. Die beiden Eheleute schienen froh zu sein über jeden Tag, der ohne Streitigkeiten oder Auseinandersetzungen vorüberging.

15. September – *van Reegh'sche Villa, Köln*

„Bei van Reegh."

„Guten Tag. Mein Name ist Gruber, Peter Gruber. Ich hätte gerne Frau van Reegh gesprochen."

„In welcher Angelegenheit?"

„Privat, Frau van Reegh erwartet meinen Anruf."

„Einen Moment, bitte!" Die weibliche Stimme verstummte. Kein Ton kam mehr aus dem Hörer. Peter glaubte schon, dass auf der anderen Seite aufgelegt worden sei, als sich die Hausangestellte wieder meldete:

„Herr Gruber?" – „Ja?" – „Ich stelle sie jetzt durch." – „Danke sehr."

„Van Reegh?" Peter hatte den Eindruck, dass Veras Stimme fragend klang. Er beeilte sich zu antworten und sprach schnell, damit Vera nur ja keine Chance bekommen sollte, ihn zu unterbrechen. „Hier ist Peter, Peter Gruber. Sie erinnern sich, ich habe sie vor einigen Tagen mit dem Wagen nach Hause gefahren. Wir hatten doch davon gesprochen, dass ich sie anrufe. Das Wetter soll in den nächsten Tagen noch einmal richtig schön werden. Hätten sie Lust zu einer Fahrt im offenen Cabrio? Wer weiß, wie lange es so schön bleibt. Wir sollten die Gelegenheit nutzen!"

„Hallo, Peter, schön dass sie anrufen. Ich hatte in den letzten Tagen schon mehrfach an sie gedacht." Jetzt hatte Peter das deutliche Gefühl, sie habe auf seinen Anruf gewartet. Er jubelte innerlich. „Ich hätte wirklich Lust zu einem Ausflug. Wie sieht's denn mit morgen aus?"

„Morgen passt prima. Ich weiß auch schon, wo wir hinfahren werden. Lassen sie sich überraschen. Um wie viel Uhr soll ich abholen? Ist elf Uhr recht?" Vera sagte zu und erklärte ihm noch, dass er sich an der Gegensprechanlage am Tor melden sollte. Sie würde ihn am Haus erwarten. Zufrieden legte Peter legte auf. Das hatte ja viel besser geklappt als erwartet.

16. September – *Peters Cabriolet, Rheinland*

Peter stand pünktlich mit frisch gewaschenem Wagen und ordentlich eingerolltem Verdeck vor dem Tor des van Reegh´schen Anwesens. Bevor er auf den Knopf der Gegensprechanlage drückte, warf er noch einmal einen prüfenden Blick ins Wageninnere. Alles sauber ausgesaugt. Sogar das Windschott hatte er aus dem Keller geholt und befestigt. Er benutzte es sonst nie. Er liebte es vielmehr, wenn ihm der Fahrtwind durch die Haare ging. Aber was tat man nicht alles für eine Frau mit Geld. Er drückte auf den Rufknopf und sofort öffnete sich das Tor. Beim Anfahren sah er die Kamera, die auf das Tor gerichtet war. Man hatte ihn also beobachtet, erkannt und ohne Rückfrage eingelassen. Sehr schön. Er fuhr die lange Auffahrt bis vor die Haustür. Es war schon mehr ein Portal, das man über eine Freitreppe erreichte. Auf der obersten Stufe erwartete Vera ihn bereits. Sie trug ein Sommer-Kostüm und hatte einen farblich abgestimmten Schal umgelegt. Eine Sonnenbrille verbarg ihre Augen. Vera lächelte, rief ihm einen schönen guten Morgen zu, schritt die Treppe hinab und ließ sich von Peter in den Wagen helfen.

Sie verließen die Stadt auf dem schnellsten Weg und fuhren auf kurvenreichen Nebenstraßen, die am Wochenende bevorzugt von Motorradfahrern frequentiert wurden, durch die sanften Hügel der Mittelgebirgslandschaft. Vera lud Peter zum Mittagessen in ein Restaurant am Ufer eines beeindruckenden Stausees ein. Am späten Nachmittag machten sie eine weitere Rast in einem Ausflugscafe´.

Auf dem Heimweg kühlte es merklich ab. Peter schaltete die Sitzheizung ein und entschuldigte sich bei Vera dafür, dass er das Verdeck nicht schließen könne. „Ich bekomme in zwei Wochen meinen neuen Wagen, deshalb lohnt sich die Reparatur hier nicht mehr."

„Auch wieder ein Cabrio?"

„Natürlich. Ich habe mir einen Traum erfüllt. Mit Jürgens Hilfe habe ich eine beträchtliche Summe verdient. Sonst hätte ich mir den neuen Wagen gar nicht leisten können."

„Jürgen scheint ja das richtige Händchen in Gelddingen zu haben. Ich habe ihm das gar nicht zugetraut."

Vor der Villa angekommen verabredeten sie sich zu einem Treffen in der nächsten Woche in einem Cafe´ in der Nähe des Kölner Doms.

Auf seinem Weg nach Hause ließ Peter den Tag noch einmal Revue passieren. Es gefiel ihm an der Seite der gut aussehenden und wohlhabenden Frau.

Gut gelaunt begab sich Vera mit einem Glas Cherry in den Wintergarten. Peter gefiel ihr. Sie fühlte sich jung in seiner Gegenwart. Jung und attraktiv. Und wie die Leute geschaut hatten, als sie in dem offenen Wagen vorbeifuhren!

Ein neues Cabriolet bekam er also. Das war doch sicherlich nicht billig. Jürgen schien wirklich talentiert zu sein im Umgang mit Geld. Vielleicht sollte sie ihn einfach mal fragen, ob er für sie auch mal etwas tun könnte. Sie war es leid, Heinrich immer um Geld fragen zu müssen, wenn sie mit dem, was er ihr monatlich zur Verfügung stellte, nicht auskam. Obwohl Heinrich sich eigentlich überaus großzügig zeigte.

Martha hatte ihre Tochter zufällig heimkommen sehen. Sie war gerade bei ihrer Nachbarin zum Kaffee. Irgendetwas störte sie an dem, was sie sah. Sollte Vera jetzt auch noch ein Verhältnis mit diesem jungen Mann angefangen haben?

Ihre eigene Tochter wurde ihr immer fremder.

1993

16. April – Hotel Finkenburg, Köln

In Annes Leben hatte sich einiges ereignet. Sie hatte auf einem Empfang, zu dem sie gemeinsam mit ihren Eltern eingeladen war, einen Mann kennen gelernt und sich Hals über Kopf in ihn verliebt. Der zehn Jahre ältere Harald Camphausen war der Sohn einer bekannten Kaufmannsfamilie. Er führte seit einigen Jahren erfolgreich sein eigenes Unternehmen. Anne fühlte sich geborgen in seiner Nähe. Die beiden verstanden sich vom ersten Moment an. Er war der ausgleichende Gegenpol zu Annes manchmal aufbrausendem Temperament.

Nach nur wenigen Monaten waren die beiden verlobt. Vera war begeistert von dem Gedanken, dass Anne heiraten würde. Anne war zwar mit ihren 20 Jahren noch recht jung, aber was spielte das schon für eine Rolle? Sie konnte froh sein, solch eine gute Partie zu machen. Denn in ihren Augen war ihre Tochter viel zu burschikos und nahm meist kein Blatt vor den Mund. Nicht gerade die besten Voraussetzungen um sich den perfekten Mann zu angeln. Deshalb versuchte Vera auch immer wieder geschickt, Annes von Zeit zu Zeit aufkommende Zweifel an einer frühen Heirat zu zerstreuen. Außerdem brachte Annes Heirat und Auszug aus dem elterlichen Haus auch mehr Unabhängigkeit in ihr eigenes Leben.

Bei der Planung der anstehenden Hochzeitsfeier war Vera natürlich voll in ihrem Element. Schon Wochen zuvor hatte sie alles bis ins kleinste Detail geplant. Vom Hochzeitskleid über die Feierlichkeiten, das Menü, die

Tischdekoration und die Liste der Hochzeitsgäste bis hin zur Auswahl des Rahmenprogramms war alles perfekt organisiert.

Dabei schien sie jedoch völlig vergessen zu haben, dass es sich nicht um ihre eigene sondern um die Hochzeit ihrer Tochter handelte. Immer wieder ignorierte sie Annes Wünsche, bis es zu einem handfesten Streit kam. Anne wollte sich nicht ständig von ihr bevormunden lassen und Vera sah nicht ein, warum sich die Familie, allen voran sie selbst, bei den Hochzeitsfeierlichkeiten blamieren sollte, wie sie es ausdrückte.

Schließlich griff Harald beschwichtigend ein und so konnte man sich dann doch noch friedlich einigen, wer welche Aufgabe übernehmen und welchen Rahmen und Verlauf der Festtag am Ende haben sollte.

Über 100 Gäste tummelten sich auf der Hochzeit. Leider hatte sich Vera nicht so ganz an die Absprachen gehalten und, ohne Rücksprache mit dem Brautpaar, auch einige ihrer neuen Bekannten eingeladen, was bei Anne und ihrem Mann wie auch bei Martha und Heinrich auf allergrößtes Unverständnis stieß.

Trotzdem feierte Vera ausgelassen auf dem großen Fest ihrer Tochter und ließ dabei wie gewohnt keine Möglichkeit aus, selbst im Mittelpunkt zu stehen. Schließlich hatte sie seit Wochen die Vorbereitungen in der Hand gehabt, so, wie auch sonst die Feste im van Reegh'schen Hause fest in ihrer Hand waren. So trug die Feier auch eindeutig Veras Handschrift. Sie war der Ansicht, sie hätte es verdient, jetzt auch die Anerkennung dafür zu bekommen und wie gewohnt alle Blicke auf sich zu ziehen.

Sie hatte auch die von Heinrich, Martha und Anne so verhasste Christa, den ostpreußischen Gaul, wie Heinrich sie immer nannte, eingeladen, die in ihrem langen Kleid aussah, wie ein festlich geschmückter Pfingstochse.

'Was hat ausgerechnet die auf meiner Hochzeit zu suchen?', dachte Anne und war wütend darüber, dass ihre Mutter auch dieses Fest wohl eher für sich, als für ihre einzige Tochter geplant hatte.

Christa gratulierte dem Brautpaar überschwänglich, wobei deutlich spürbar war, dass diese Wünsche mit Sicherheit nicht von Herzen kamen. Harald konnte ganz gut mit solchen Situationen umgehen. Anne jedoch hatte jedoch ihre liebe Not, sie nicht auf der Stelle rauszuschmeißen.

Selbstverständlich waren auch Max und seine Familie eingeladen. Der kleine Mann stolzierte wichtigtuerisch durch die in Gruppen zusammenstehenden Gäste und nickte. Er gehörte ja schließlich mit zur Familie, wie er auch ungefragt ständig bemerkte. In seinem Schlepptau befand sich wie immer die mausgraue Ursula, die in den letzten Jahren noch unscheinbarer geworden war und sich unter all den gut aussehenden und größtenteils auch wohlhabenden Damen völlig fehl am Platz fühlte.

Jürgen, der in seinem Bankalltag Routine darin hatte, stets in perfektem Businessoutfit und mit besten Umgangsformen auch die noch so exzentrischen Kunden und vor allem Kundinnen zu bedienen, hatte natürlich auch jetzt kein Problem damit, sich auf dem

Bankett sicher zu bewegen. So gab er in einer Gruppe Frauen, die trotz größter chirurgischer und kosmetischer Anstrengungen ihr Alter nicht verleugnen konnten, den Alleinunterhalter und sonnte sich in der Aufmerksamkeit seines durchschnittlich 25-30 Jahre älteren Publikums.

Max gefiel die Anerkennung der wohlhabenden Gäste, die wohl davon ausgingen, dass er, da er ja mit Vera verwandt war, genauso gut betucht sei, wie sie. Er war es satt, jeden Pfennig umdrehen zu müssen. Allein für den neuen Anzug, den er dem Anlass entsprechend trug, und für das Kleid seiner Frau hätte er lange sparen müssen, wenn nicht der durch sein Nebeneinkommen recht liquide Jürgen einen großen Teil dazu beigesteuert hätte.

Wie gut man sich mit richtig viel Geld fühlte, schien Max, wenn er sich so umschaute, genau zu wissen. Von all denen hier hatte bestimmt keiner Sorgen oder musste scharf kalkulieren, wenn die Heizung oder die Waschmaschine kaputtging. Hier spielten selbst große Summen keine Rolle.

´Das will ich auch endlich haben. Dazu ist mir jedes Mittel recht. Und ich weiß auch schon, wie`, sinnierte er und prostete Heinrich nickend zu.

Martha hatte sich etwas zurückgezogen und beobachtete nachdenklich das Treiben auf dem Hochzeitsfest. Sie spürte immer deutlicher, dass ihre Zeit endlich war. Die Entwicklung innerhalb der Familie betrübte sie sehr. Die Hoffnung, dass doch noch mal alles so gut und harmonisch würde, wie früher, hatte sie längst schweren Herzens aufgegeben. Aber die Sorge um ihre Enkeltochter blieb. Es tat ihr leid, dass ihr die letzten von Streit, Lügen und Wortlosigkeit geprägten Jahre nicht erspart geblieben waren.

Dass Anne in Harald einen Ehemann gefunden hatte, der ihr bestimmt die Sicherheit und Geborgenheit geben konnte, die sie verdiente, beruhigte Martha allerdings. Sie mochte den bodenständigen Harald sehr und vertraute ihm am Hochzeitsmorgen an, dass sie selbst auch ein kleines Vermögen geschaffen und beizeiten für Annes Zukunft angelegt hatte. „Pass gut auf Anne auf, mein Junge. Sie ist ein gutes Mädchen und hat es verdient, endlich wieder ein glückliches und unbeschwertes Leben zu führen. Ich habe sie sehr lieb. Und euch wünsche ich alles Glück."

„Vera ist froh, dass sie ihre Tochter endlich unter der Haube hat", tönte die ostpreußische Christa. „Sie hat ja doch immer nur Schwierigkeiten gemacht, daran hat auch die teure und exklusive Privatschule nichts geändert. Sie ist so ganz anders als ihre Mutter. Komisches Mädchen. Seltsam, dass sie sich so einen wie Harald angeln konnte!" Martha, die in der Nähe stand, hörte die Bemerkung, ging die wenigen Schritte zu dem „Pfingstochsen", dessen ausladendes Hinterteil diese Bezeichnung durchaus verdiente, und bemerkte knapp: „Lieber anders und komisch als strohdumm und breit wie ein Pferd." Dann rauschte sie wütend davon.

Nach dem Fest verabschiedete sich das Brautpaar mit großem Hallo in die Flitterwochen. Noch spät abends saßen Martha und Heinrich ein bisschen wehmütig bei einem letzten Glas zusammen und ließen Annes Kindheits- und Jugendjahre Revue passieren. Eine große Veränderung im Familienleben der van Reegh's war eingetreten.

Es sollte nicht die letzte sein.

25. April – *Strudelweg 12, Köln*

Wenige Tage später saß Peter abends in seiner Junggesellenwohnung, als das Telefon ihn aus seiner Lektüre riss. „Hallo Peter, bist du's? Ich muss dich unbedingt sprechen. Hast du Zeit? Mein Mann ist noch bei einer Aufsichtsratssitzung. Ich könnte mir ein Taxi nehmen und zu dir kommen."

„Hallo, Vera. Natürlich. Ich freue mich, wenn du kommst." Das war überraschend. Peter ließ schnell ein paar herum liegende Sachen verschwinden, spülte das Geschirr ab und tauschte seine Freizeitkleidung gegen ein sauberes Hemd und eine dunkle Hose. Dann öffnete er die Fenster und lüftete alle Räume ordentlich durch.

Wenig später klingelte Vera an der Wohnungstür. Sie war etwas außer Atem, als sie lächelnd vor ihm stand. Mit einer Geste bat Peter sie hinein. „Wie kommt es, dass du mich so unverhofft besuchst?"

„Seit dem Fiasko mit der letzten Kreuzfahrt habe ich mir geschworen, mit meinem Mann keinen Urlaub mehr zu machen. Jetzt würde ich gern auf die Malediven fahren. Aber nicht allein. Ich möchte dich gern zu dieser Reise einladen. Würdest du mir den Gefallen tun und mich begleiten?"

Peter war sprachlos. Damit hatte er nicht gerechnet. Eine Reise, von der er selbst schon geträumt hatte, aber sich bisher nicht hatte leisten können. Nur: wie sollte das funktionieren? Vera zerstreute seine Bedenken. Damit nicht auffiel, dass sie gemeinsam fuhren, hatte sie sich schon einen Plan zurechtgelegt. Am besten gleich morgen würden sie gleichzeitig aber getrennt buchen. Peter war einverstanden und Vera legte ihm sofort einen mehr als großzügigen Geldbetrag auf den Tisch. Und ohne eine Antwort abzuwarten, schob sie noch ein weiteres, wesentlich dickeres Bündel hinterher. "Und das legst du bitte für mich bei Jürgen an."

Danach wandten sie sich anderen Dingen zu.

2000

26. Mai – van Reegh'sche Villa, Köln

Heinrich saß bereits seit dem frühen Morgen im Büro seiner Villa und brütete über einigen Bauplänen. In den nächsten Jahren würde er sich ganz aus dem Geschäft zurück ziehen und hatte deshalb bereits vor einigen Monaten damit begonnen, mehr und mehr Verantwortung und Entscheidungen seinem Geschäftsführer Fischer zu übergeben, der seine Arbeit bisher zu Heinrichs vollster Zufriedenheit ausführte. Er war noch jung und genauso ehrgeizig, wie er seinerzeit in diesem Alter. Der Ertrag aus der Firma sollte Heinrich später als regelmäßige Dividende ausgezahlt werden und somit seine Altersversorgung zusätzlich absichern. Die laufenden Projekte wollte er aber auf jeden Fall noch persönlich zu Ende bringen.

Heute fiel es ihm besonders schwer, sich auf seine Arbeit zu konzentrieren. Immer wieder wanderten seine Gedanken zu seiner Frau, die wieder einmal auf Reisen war. Heinrich glaubte ihr die Geschichte von der Freundin, die sie angeblich begleitete, schon lange nicht mehr. Er war sicher, dass sie in Begleitung eines Mannes unterwegs war. Das verletzte ihn immer noch. Auch aus diesem Grund hatte er immer wieder gezögert, sich tatsächlich ganz aus dem Geschäftsleben zurückzuziehen. Wie sollte es nur weitergehen, wenn sie sich dann noch öfter über den Weg liefen? Sie sprachen ja jetzt schon kaum noch miteinander und wenn, war dies im Grunde nur noch ein Austausch von Höflichkeitsfloskeln.

Seit Anne verheiratet und aus dem Haus war, spürte er die Einsamkeit in dem großen Haus sehr deutlich. Nur Martha, die täglich aus ihrer Wohnung im Seitenflügel der Villa zu ihm herüberkam, bemühte sich, es allen im Haus so angenehm wie möglich zu machen. Auch sie litt unter der Veränderung ihrer eigenen Tochter. Die beiden verstanden sich gut und führten viele gemeinsame Gespräche. Manchmal drehten sie sich um Vera, manchmal auch um Anne, aber häufig lachten sie auch gemeinsam über längst vergangene Zeiten.

Es tat Martha weh, Heinrich so niedergeschlagen zu sehen. Es tat ihr leid, dass ausgerechnet ihre Tochter ihm so viel Leid zufügte.

Gerade wollte Heinrich die Akten beiseite legen, als sein Telefon klingelte. „Heinrich. Bitte, sei so gut und komm mal rüber zu mir. Mir geht es nicht gut", hörte er Martha am anderen Ende der Leitung.

Er antwortete nur kurz und knapp und ging direkt rüber zu ihr. Sie klagte darüber, dass ihr schon die letzten Tage immer wieder schwindelig gewesen war. Seit heute morgen habe sie auch so einen starken Druck auf der Brust. Ihr Gesicht war bleich, Schweiß stand auf ihrer Stirn. „Ich rufe sofort den Notarzt", sagte Heinrich und ignorierte ihren Protest.

Eine Viertelstunde später war Martha im Rettungswagen und unterwegs in die Klinik. „Verdacht auf Herzinfarkt" lautete die Diagnose.

Heinrich, der nur kurze Zeit später im Krankenhaus angekommen war, wartete auf dem Gang der Notaufnahme nervös darauf, dass ein Arzt ihm endlich Auskunft über den Zustand seiner Schwiegermutter geben würde.

Nach fast einer Stunde teilte ihm der Dienst tuende Arzt mit, dass Martha in der Ambulanz einen weiteren schweren Infarkt bekommen habe und sie nun auf der Intensivstation liege. Die Situation sei äußerst kritisch. Man müsse die nächsten Stunden einfach abwarten. Zurzeit hätte man sie in ein künstliches Koma versetzt, damit das Herz geschont würde.

Vera war wie immer telefonisch nicht zu erreichen. Ihr Handy war mal wieder nicht eingeschaltet. Es war geplant, dass sie am nächsten Tag von ihrer Reise zurückkehren würde. Aber das musste bei Vera nicht unbedingt viel heißen: zu oft schon hatte sich ihre Ankunft verzögert oder war kurzfristig verschoben worden. ´Hoffentlich kommt sie noch rechtzeitig´, dachte Heinrich und machte sich müde und niedergeschlagen auf den Heimweg. Unterwegs gab er seiner Tochter telefonisch Bescheid über den Zustand der Großmutter und versprach, sofort anzurufen, wenn Anne ihre Oma besuchen dürfe oder wenn sich an ihrem Befund etwas ändern würde. Man hatte ihm in der Klinik die Zusage gegeben, ihn sofort zu informieren, wenn sich etwas verändern sollte. Und natürlich könne er sich auch jederzeit nach Marthas Befinden erkundigen.

27. Mai – *Universitätsklinik, Köln*

Am frühen Vormittag fuhr ein Taxi vor der van Reegh´schen Villa vor. Vera stieg braungebrannt und gut gelaunt aus dem Wagen. Währenddessen klingelte

in Heinrichs Büro das Telefon. „Ich komme sofort!",
beendete Heinrich das kurze Telefonat, verständigte telefonisch schnell noch seine Tochter und ging anschließend in die Eingangshalle, um Vera kurz zu begrüßen und sie gleichzeitig darüber zu informieren, was in den letzten 24 Stunden geschehen war.

„Wir haben deine Mutter gestern in die Klinik gebracht. Sie liegt auf der Intensivstation mit einem sehr schweren Herzinfarkt. Wir sollten uns beeilen, wenn du sie noch einmal lebend sehen willst. Die Klinik hat mich gerade gebeten, umgehend zu kommen."

Vera folgte ihrem Mann ohne Widerworte. Erst als sie im Wagen saßen, erkundigte sie sich, was in den letzten Tagen vorgefallen sei. Sie hatte doch noch vor 4 Tagen mit ihrer Mutter telefoniert und Martha hatte kein Wort darüber verloren, dass es ihr nicht gut gehe. „Das hätte ich doch gemerkt, wenn sie krank ist."

„Du hast doch schon lange nichts mehr gemerkt. Du bist doch nur mit dir selbst beschäftigt. Martha geht es seit Jahren schon nicht mehr gut. Aber sicherlich hat sie nichts gesagt, um dich zu schonen. Um nicht noch mehr Unruhe in unser Leben zu bringen, als es eh´ schon hat."

„Jetzt fang´ nicht schon wieder damit an. Ich kann doch nichts dafür, wenn sie mir nicht sagt, dass sie krank ist. Das wäre sicherlich auch passiert, wenn ich zu Hause geblieben wäre", antwortete Vera gereizt.

Heinrich schwieg. Er war es so leid, mit ihr zu streiten und sinnlos zu diskutieren. Außerdem gab es im Moment wahrlich Wichtigeres. Nachdem sie an der Intensivstation geklingelt hatten, öffnete eine der

Dienst tuenden Schwestern und bat sie, kurz in einem Nebenraum Platz zu nehmen.

Ohne auch nur abzuwarten, was der Arzt, der gerade den Raum betrat, ihnen mitteilen wollte, polterte Vera los: „Wann kann ich endlich zu meiner Mutter?"

„Es tut mir sehr leid. Ihre Mutter ist vor wenigen Minuten verstorben."

Heinrich stand auf. „Können wir zur ihr?", fragte er rau. Die Nachricht setzte ihm erheblich zu, obwohl er andererseits auch nicht wirklich überrascht war. Er hatte sich in der vergangenen Nacht schon mit dem Gedanken vertraut gemacht, dass Martha die nächsten Tage möglicherweise nicht überleben würde.

An Martha Totenbett weinte Vera bitterlich. Heinrich hatte tröstend den Arm auf ihre Schulter gelegt. Sie streichelte ihrer toten Mutter übers Haar. „Es tut mir so leid, dass ich nicht bei dir war. Es tut mir so leid!", flüsterte sie immer wieder.

25. Juli – *van Reegh´sche Villa, Köln*

Nach dem Tod ihrer Mutter schien Vera völlig verändert. Sie war ganz still und in sich gekehrt. Sie blieb weitgehend zu Hause, saß im Wohnzimmer, schaute sich alte Fotos und Filme an oder hörte einfach nur klassische Musik. Sie telefonierte nur noch ganz selten und ließ sich vom Personal verleugnen, wenn jemand nach ihr fragte. Marthas Tod hatte ihr einen heftigen Schlag versetzt. Sie machte sich Vorwürfe, ihre Veränderung nicht bemerkt zu haben, ihr vielleicht nicht zugehört zu haben, wenn sie von gesundheitlichen Problemen sprach, nicht da gewesen zu sein, als sie sie vielleicht gebraucht hätte. Nicht an ihrem Bett gestanden zu haben, als es mit ihr zu Ende ging.

Wochenlang ging sie auf keine Parties mehr, zu keinem Treffen mit ihren Freundinnen und häufig war ihr anzusehen, dass sie geweint hatte.

So kehrte ein wenig Ruhe im van Reegh´schen Haus ein. Die Stimmung war zwar bedrückt, aber wenigstens herrschte kein Streit. Heinrich und Vera unterhielten sich wenig, gingen aber immer höflich miteinander um. Auf den ersten Blick glich der Alltag einem mehr oder weniger normalen Familienleben.

Bis sich Anne eines Tages kurzerhand entschloss, bei ihren Eltern vorbeizufahren. Sie hatte eine Neuigkeit zu berichten, die sie ihren Eltern persönlich mitteilen wollte. Als sie am Anwesen eintraf, versperrte allerdings ein großer Möbelwagen die Einfahrt. Möbelpacker trugen gerade Marthas Lieblingskommode zum LKW und begannen damit, sie einzuladen. „Halt! Was machen sie denn da?", rief Anne empört. Sie sprang aus dem Wagen und umrundete den Laster. „Sie können doch nicht einfach die Kommode meiner Großmutter mitnehmen!" Durch die offene Laderampe sah sie, dass der LKW randvoll mit Möbeln aus Marthas Wohnung bepackt war. „Wir machen nur unsere Arbeit", brummte einer der beiden Männer. „Da müssen sie schon bei der Chefin da drinnen nachfragen". Er zeigte in Richtung Haus und setzte ungerührt seine Arbeit fort.

Anne rannte um die Villa herum zum Eingang von

Marthas Wohnung. Die Tür war weit geöffnet. Vera stand in der Diele. Sie unterschrieb gerade einen Beleg. „So, das wär's. Vielen Dank und einen schönen Tag noch, Frau van Reegh", sagte der Mann, der augenscheinlich zu den anderen Möbelpackern gehörte. Er nahm den Beleg, reichte Vera die Hand, verabschiedete sich und ging.

„Was hat das zu bedeuten, Mutter?", fragte Anne empört und sah sich in der nun leeren Wohnung um. „Warum sind Oma`s Möbel weg?" Noch während Vera zu einer Antwort ansetzte, spürte Anne, wie ihr die Stimme versagte.

„Jetzt mach doch nicht so ein Theater, Kind. Was sollen wir denn mit all den Möbeln von Martha. Keiner kann sie gebrauchen. Unser Stil ist es auch nicht. Und so werden sie in eine Sozialstation gebracht. Da gibt es bestimmt Menschen, die sich darüber freuen."

„Über Stilmöbel? Das glaubst du doch selber nicht. Es waren die Möbel meiner Großmutter! Ich hätte sie so gern behalten. Du weißt doch, wie gern ich hier gewesen bin."

„Ich bin Marthas Erbin!", entgegnete Vera streng. „An mir bleibt doch sowieso alles hängen. Und jetzt räum' ich auf und dann werden wir in Ruhe sehen, was wir aus der Wohnung machen. Vielleicht richte ich mich hier ein, damit ich mich mal in Ruhe zurückziehen kann. Oder meinen Besuch hier empfangen kann, damit dein Vater und du euch nicht wieder über meinen Freundeskreis aufregen müsst", fügte sie noch ironisch hinzu.

Anne liefen die Tränen über das Gesicht. „Mutter!

Du verschenkst Martha`s Möbel und fragst mich noch nicht mal, ob ich vielleicht irgendetwas von diesen Erinnerungsstücken behalten möchte? Ich kann das nicht verstehen!"

„Ich möchte gern wissen, was dein Mann dazu sagen würde, wenn du mit den alten Möbeln deiner Oma in eurem Haus auftauchst. Kind, nun sei doch vernünftig. Dass du auch immer so aus der Reihe tanzen musst."

´Natürlich`, dachte Anne. ´Ich mal wieder!` Anne mochte und konnte nicht mehr mit ihrer Mutter diskutieren. Sie fühlte sich einmal mehr von ihrem Verhalten verletzt. ´Manchmal kann sie so lieb und verständnisvoll sein, und dann plötzlich ist ihr Verhalten so völlig fremd. Wie ausgewechselt, wie eine fremde Person`, dachte sie bedrückt.

Als wenn Vera Gedanken lesen könnte, sagte sie, noch, bevor Anne nach ihm fragen konnte: „Dein Vater ist heute den ganzen Tag unterwegs. Es wird sicherlich spät, bis er zurückkommt."

Völlig überraschend legte sie dann versöhnlich den Arm um ihre Tochter. „Komm, lass uns rübergehen. Wir trinken in Ruhe eine Tasse Kaffee und dann kannst du mir erzählen, wie dir das Eheleben so bekommt. Was meinst du?"

Zögernd stimmte Anne zu und kurze Zeit später saßen sie im Wohnzimmer. Während Vera ihren Kaffee genüsslich trank, wurde Annes Kaffee allmählich kalt. „Magst du nicht?", fragte Vera zwischendurch, denn sie war gerade dabei, ausführlich zu schildern, wohin sie mit ihren Mädels demnächst reisen wollte. Mit ´Mädels´

meinte sie die abgedrehten Gattinnen irgendwelcher Musikproduzenten oder Fernsehleute. Wie Anne dieser Affenzirkus missfiel.

„Nein danke Mutter. Ich mag nicht. Mir ist im Moment ein wenig übel." „Hach, du wirst doch wohl nicht schwanger sein?", scherzte Vera und glaubte ihren Ohren nicht zu trauen, als Anne bejahte. „Eigentlich wollte ich es euch ja beiden zusammen in Ruhe erzählen. Aber wenn du schon fragst. Ja, ich bin schwanger."

„Das ist ja toll. Ihr hättet ruhig noch ein bisschen warten können, bevor ihr mich so jung zur Oma macht", lachte Vera. „Ich freue mich für euch, Kind."

Anne wurde das Gefühl nicht los, dass diese Freude nicht so ganz echt war. Sie hatte sich es so schön ausgemalt, wie sie ihren Eltern die große Neuigkeit gemeinsam präsentierte. Aber, na ja, das kannte sie doch eigentlich schon, dass sie ihre Mutter nie so ganz genau einkalkulieren konnte. Es war halt immer Glücksache. Besser war es, erst gar keine Erwartungen zu haben, dachte Anne enttäuscht.

Vera sprang von ihrem Stuhl auf und holte spontan Fotoalben hervor, auf denen sie als junge Mutter mit Anne auf dem Arm zu sehen war. Wie sie als junge Eltern in die Kamera blickten, wie Oma Martha fast platzte vor Stolz. „Ach, das war eine schöne Zeit", schwärmte Vera und hörte gar nicht mehr auf zu erzählen, wie schön es war, Mutter zu werden und zu sein. „Da ist sie wieder, die Mutter, die ich ganz früher mal gekannt habe", dachte Anne ein wenig wehmütig.

Als Anne sich einige Zeit später auf den Heimweg

machte, telefonierte Vera schon mit ihren Millionärsgattinnen und überbrachte die freudige Nachricht, dass SIE Oma werde. Die erste aus dem Kreis. Das musste doch gebührend gefeiert werden.

Nach langer Zeit ging Vera an diesem Abend wieder aus und kehrte erst spät in der Nacht wieder zurück.

Heinrich hatte das Haus bei seiner Rückkehr verlassen vorgefunden. Die Haushälterin hatte ihm ausgerichtet, dass seine Frau ausgegangen sei und er nicht auf sie warten solle. Sie habe ihm das Abendbrot bereits gerichtet und wenn er keine Wünsche mehr habe, würde sie jetzt gern nach Hause gehen.

´Keine Wünsche mehr - das ist richtig. Ich habe nur noch den einen Wunsch, endlich wieder zur Ruhe zu kommen`, dachte Heinrich und schickte Frau Schmidt nach Hause. Er hatte längst resigniert und duldete Veras Verhalten nur in der Hoffnung, dass sie wenigstens respektvoll miteinander umgingen und sich nicht scheiden lassen würden. Eine Scheidung passte überhaupt nicht in seine geradlinige Moralvorstellung.

Er nahm sein Abendbrot mit ins Arbeitszimmer, setzte sich in die gemütliche Sitzecke und schaltete mit der Fernbedienung das Radio an. In den Nachrichten sprach man mal wieder von einer großen Krise in der Bauwirtschaft. ´Gut dass wenigstens die Firma auf einem gesunden Fundament steht. Auch diese Krise werden wir heil überstehen`, dachte er und ließ sich durch die düsteren Prognosen nicht verunsichern.

27. Juli – *Ristorante Piemonte, Köln*

Vera hatte sich spontan mit Peter in einem kleinen gemütlichen Restaurant verabredet. In der letzten Zeit hatte sie auch ihn ein wenig vernachlässigt und nur selten angerufen. Doch jetzt gab es etwas zu feiern. Gleich mehrere Anlässe. Allen voran, dass sie Oma wurde.

Bei einem der seltenen Telefonate hatte Peter ihr nur kurz berichtet, dass Jürgen ihr Geld einmal mehr erfolgreich vermehrt hatte. Insgesamt hatte sie ihm mittlerweile schon dreimal größere Geldbeträge zugesteckt und hierbei waren erhebliche Dividenden und Zinsen zusammengekommen, die Jürgen geschickt anderweitig untergebracht hatte, damit sie nicht auf Veras Konto bei ihrer Hausbank wieder auftauchten.

Auch darüber wollten sie heute Abend reden. Aber das war für Vera im Moment nur zweitrangig. Sie wollte einen schönen Abend mit Peter verbringen und die guten Nachrichten feiern. Und so saßen sie in einer ruhigen Nische des Lokals und ließen sich bei Kerzenschein Veras Lieblingschampagner schmecken. Die richtige Atmosphäre, um Pläne zu schmieden, vielleicht auch für eine gemeinsame Zukunft.

„Wann soll denn das Baby kommen? Es gibt doch sicher schon einen Entbindungstermin", erkundigte sich Peter interessiert.

Vera stutzte. Hatte Anne ihr denn nicht gesagt, wann das Kind geboren werden sollte? Sie war sich ziemlich sicher, konnte sich jedoch beim besten Willen nicht daran erinnern. „Ich habe in der Aufregung ganz vergessen, Anne zu fragen", antwortete sie schnell und verfluchte insgeheim ihre Leidenschaft für den Champagner. „Aber mit Sicherheit innerhalb der nächsten acht Monate", fügte sie lachend hinzu.

Am Ende des Abends schob Vera Peter diskret ein weiteres dickes Bündel Geldscheine mit einem Augenzwinkern zu. Sie streichelte noch einmal über den Umschlag. „Seid fruchtbar und mehret euch, ihr Lieben", kicherte sie.

2001

8. März – *Zarenweg 9, Köln*

Endlich war es soweit. Anne hatte nachts heftige Wehen bekommen und Harald hatte sie sofort in die Klinik gefahren. Während er auf dem Flur vor dem Kreissaal wartete, rief er schnell seine Eltern und Heinrich an.

Als die kleine Marie geboren war, hielt Anne sie glücklich in den Armen und schaute liebevoll zu ihrem Mann. Der ruhige, stets ausgeglichene Harald hatte vor lauter Glück Tränen in den Augen.

Nicht weniger gerührt waren dann auch Haralds Eltern, die eine Stunde später und zeitgleich mit Heinrich in der Klinik eintrafen.

Heinrich, der große, erfolgreiche Geschäftsmann, den so schnell nichts aus der Ruhe bringen konnte, war außer sich vor Freude. Als Harald ihm die kleine Marie in die Arme legte, sah Anne ihren Vater zum ersten Mal weinen. So glücklich hatte sie ihn noch nie gesehen. Es sollte das einzige Mal bleiben.

Alle waren erleichtert, dass die Geburt gut verlaufen war und glücklich über die kleine Marie. Nur eine Person war nicht dabei. Maries Großmutter. Vera hatte sich, obwohl der Geburtstermin weiß Gott ja nicht überraschend kam, eine Woche zuvor auf Reisen begeben. Anne hatte diese Entscheidung ihrer Mutter zutiefst getroffen. Wie konnte sie, wenn ihr erstes Enkelkind geboren wurde, nur wegfahren? War ihr denn gar nichts mehr wichtig? Nur noch sie selbst und ihre Freunde? Annes Enttäuschung saß tief.

Würde sie das ihrer Mutter jemals verzeihen können?

Anne und Heinrich sprachen darüber. Anne fand für ihre tiefe Enttäuschung und Wut keine Worte. Und sogar Harald fiel dieses Mal keine passende Erklärung mehr ein. Auch er empfand Veras Fernbleiben als Schlag ins Gesicht und als klares Zeichen der Missachtung für seine Frau. Annes Mutter schien eiskalt zu sein. Allmählich fing auch er an, sie mehr und mehr abzulehnen.

So fand dann auch die Taufe im kleinen Kreis statt. Es war eine gemütliche Familienfeier, die Haralds Mutter organisiert hatte. Vera hatte ihrer Tochter telefonisch gratuliert und ihr einen großen Blumenstrauß zur Tauffeier schicken lassen.

Max und Ursula hatten Anne ein kleines Geschenk zur Taufe zukommen lassen und kurze Zeit später rief Onkel Max an um nachzufragen, wie es ihr denn ginge und wann man das Baby denn einmal zu Gesicht bekommen würde.

Anne lud die beiden höflichkeitshalber zum Kaffee ein. Im Verlauf des Nachmittags sprach Max immer wieder davon, dass er das Verhalten seiner Cousine nicht gutheißen würde. Er bedauerte Anne und zur allgemeinen Überraschung auch den frisch gebackenen Großvater Heinrich.

Gott sei Dank traten sie nach zwei Stunden wieder den Heimweg an, selbstverständlich aber erst, nachdem sie sich vorher noch die restliche Torte hatten einpacken lassen.

12. April – *Zarenweg 9, Köln*

Als Vera braungebrannt und gut gelaunt aus Marbella zurückkam, war die kleine Marie bereits einen Monat alt.

Anne hatte sich in der kurzen Zeit, seit Marie in ihr Leben getreten war, weit von ihrer eigenen Mutter distanziert, zumal sie jetzt, wo sie selbst Mutter war, Veras Verhalten noch weniger verstehen konnte, als jemals zuvor.

Waren ihr Freundeskreis und die Reisen an die angesagten Ferienorte des Jetsets denn wirklich wichtiger als alles andere? Wichtiger als die Tatsache, dass ihre eigene Tochter ein wunderschönes und kerngesundes Baby bekommen hatte?

Sie hatte ihre attraktive Mutter immer bewundert und geliebt. Sie konnte sich nicht erinnern, als kleines Mädchen irgendetwas an ihrer Mutter nicht gemocht zu haben, und sie hatte immer den Eindruck gehabt, dass Vera auch sie abgöttisch liebte. Bis eben vor einigen Jahren ihr Verhalten ihr gegenüber immer seltsamer wurde.

2004

30. Juni – van Reegh'sche Villa, Köln

Nachdem Martha gestorben war, Anne sich von ihr distanzierte und nur noch vorbeikam, wenn sie sicher sein konnte, dass auch Heinrich im Hause war, und Heinrich sich immer häufiger zurückzog und seine Zeit lieber allein hinter dem Schreibtisch verbrachte, fühlte sich Vera manchmal sehr einsam.

Immer häufiger traf sie sich mit Peter. Hin und wieder fuhren sie gemeinsam zu Max, der inzwischen über ihre Beziehung Bescheid wusste. Immer wieder sprach er vollmundig davon, wie gut ihm das gefiele, dass die beiden sich gefunden hätten.

Um das gute Verhältnis zu Vera noch weiter zu festigen, kam Max jetzt häufiger „rein zufällig" auf eine Tasse Tee vorbei. Als Buchhalter eines mittelständischen Unternehmens hatte er immer pünktlich Feierabend. Er richtete es so ein, dass seine Fahrtstrecke ohne unnötige Umwege an der van Reegh'schen Villa vorbei führte. Immer wenn er wusste, dass er nachmittags zu Vera fuhr, nahm er seinen trostlosen Arbeitsplatz nur schemenhaft war. An diesen Tagen malte er sich aus, wie es sein würde, wenn eine schöne Frau wie Vera ihn dort in seinem Zuhause erwarten würde. Nur träumen war ihm mittlerweile viel zu wenig.

Sie kannten sich schon seit ihrer Kindheit und Vera vertraute Max seit je her. So bekam Max unverhofft einen tiefen Einblick und auch zunehmend Einfluss auf ihr Leben.

Die Atmosphäre im van Reegh´schen Haus war frostig, obwohl es unter der Oberfläche brodelte. So genügte dann auch nur ein kleiner Funke, um die Bombe zum Platzen zu bringen.

Es war bereits später Nachmittag, als Vera mit ihrem Sportwagen rasant die Auffahrt zur Villa hinauf fuhr. Laute Musik dröhnte aus den Lautsprechern. Sie bremste mitten auf dem Weg, schaltete den Motor ab und ließ das Radio mit unverminderter Lautstarke weiterlaufen. Beschwingt stieg sie aus, summte leise die Melodie mit und lud dabei zahlreiche Einkaufstaschen mit den Aufdrucken bekannter Modelabels aus.

Als sie gerade die Haustüre aufschließen wollte, kam auch Heinrich nach Hause. Er kam mit seiner Limousine nicht an Veras Wagen vorbei. Er hupte. Keine Reaktion. Er hupte noch einmal. Immer noch rührte sich niemand. Er hätte platzen können vor Wut. Die Haustür stand offen, von seiner Frau weit und breit keine Spur. Er langte in Veras Coupe und schaltete die Musikanlage aus.

„Was fällt dir ein?", rief Vera von der obersten Stufe der Treppe. „Du kannst doch nicht einfach meine Musik abstellen."

„Du siehst doch, dass ich das kann und jetzt fahr endlich zur Seite, damit ich in die Garage kann."

„Wo kämen wir denn da hin? Nur, weil du mal wieder schlechte Laune hast, lass ich mir meine gute nicht von dir verderben. Du kannst dich ja wohl mal einen kleinen Moment gedulden."

„Geduld. Ich? Es reicht. Ich habe jahrelang Geduld

mit dir, mit deinen Launen, deinen Eskapaden und deinen Affären gehabt. Ich habe keine Lust mehr, noch irgendetwas an dir zu ertragen!", schrie Heinrich. Sonst legte er immer großen Wert darauf, Streitigkeiten weder vor dem Personal noch in der Öffentlichkeit auszutragen, doch heute war die Grenze seiner Beherrschtheit eindeutig erreicht.

„Geht es denn noch ein bisschen lauter? Dann bekommen es wenigstens alle Nachbarn mit, wie du dich hier benimmst."

Ein Wort gab das andere. Schließlich stürmte Heinrich wütend an Vera vorbei ins Haus und verschwand sofort in seinem Arbeitszimmer. Er knallte die Tür hinter sich zu.

Nur einen Augenblick später riss Vera die Türe auf und keifte: „Jetzt bist du entschieden zu weit gegangen. Ich lass mich scheiden. Keinen Tag länger bleibe ich mit dir zusammen und dann kannst du zahlen bist du schwarz wirst. Darauf kannst du Gift nehmen."

„Das könnte dir so passen. Von mir siehst du keinen Pfennig. Nicht mal das Schwarze unter den Nägeln!" Woraufhin Vera nun ihrerseits die Tür zuknallte. Von außen.

Heinrichs Nerven lagen blank. Er konnte nicht mehr. Vielleicht war es wirklich das Beste, wenn sie sich trennen würden. Aber Scheidung? Das kam für ihn nicht in Frage.

Wutentbrannt wollte sich Vera in ihren Wagen setzen und wegfahren, aber Heinrichs Limousine versperrte nun ihr den Weg. Sie rief sich ein Taxi und ließ sich direkt zu Max nach Hause fahren.

Dort fand sie dankbare und offene Ohren für alle Details des vorangegangenen Streits. Max nickte natürlich verständnisvoll.

'Das läuft ja besser als ich dachte', grinste er in sich hinein.

29. Juli – *Kurhaus Pergamon, Meran*

Wenige Tage nach dem heftigen Streit mit Vera hatte sich Heinrich kühl von ihr verabschiedet und war in die lang geplante Kur abgereist. Er war froh, der unerträglichen Stimmung in seinem eigenen Haus endlich entfliehen zu können.

Die Zeit in Meran tat ihm gut. Er hatte Zeit, über viele Dinge nachzudenken. Vor allem über seine Ehe. Mit dem Abstand einiger Wochen war er sichtlich ruhiger und ausgeglichener geworden. Er hatte den Entschluss gefasst, Vera den Vorschlag zu machen, es doch noch einmal miteinander zu versuchen. Sie konnten doch nicht fast 3 Jahrzehnte einfach so über Bord werfen. Es war doch schließlich mal eine große Liebe zwischen ihnen gewesen. Oder sollte er sich da getäuscht haben? Nein. Vielleicht lag es bei Vera an den Wechseljahren, vielleicht hatte auch sie Probleme damit, älter zu werden. Es war sicherlich auch nicht immer einfach gewesen, mit ihm zusammenzuleben. Er hatte sie viel zu oft allein gelassen. Kein Wunder, dass sie sich im Laufe der Jahre fremd geworden waren. Letzten Endes suchte er die Schuld wohl doch lieber bei sich selbst, als bei ihr.

Die gesamte Zeit während der Kur hatten sie nicht

miteinander telefoniert. Er hatte nur zweimal bei Anne angerufen und sich schmunzelnd die neuesten Anekdoten von seiner Enkeltochter erzählen lassen.

'Es wäre doch gelacht, wenn wir nicht auch diese Krise meistern würden', redete er sich ein. Mit ein wenig Bereitschaft von beiden Seiten würden sie das Boot vor dem Kentern retten und noch einmal ganz von vorne beginnen. Sie könnten ja auch auf Reisen gehen, denn wenn er zurück war, dann war es nicht mehr weit bis zu seinem Ruhestand und dann hatte er soviel Zeit für sie, wie sie wollte.

31. Juli – *van Reegh'sches Sommerhaus, Chiemsee*

Zufrieden setzte sich Heinrich am nächsten Tag ans Steuer seines Wagens und fuhr die erste Etappe bis zum Chiemsee. Die Hausleute hatte er zuvor verständigt und so war alles bestens gerichtet, als er abends dort ankam.

Die beiden freuten sich sichtlich, ihn zu sehen und Klara fragte ihn aus nach Anne und vor allem nach der kleinen Marie. Heinrich zeigte ihnen die Fotos, die er in seiner Brieftasche hatte, und deutete an, dass vielleicht bald alle zusammen hier Urlaub machen würden.

„Ihre Frau auch?", fragte Klara erstaunt und erntete von Ludwig einen vorwurfsvollen Blick. „Aber ja", strahlte Heinrich zuversichtlich. „Meine Frau natürlich auch."

„Das wäre ja fast wie früher. Nur schade, dass die Frau Martha nicht mehr dabei sein wird. Ich habe oben in ihrem Zimmer übrigens noch Sachen in der Kommode gefunden. Nehmens die mit?"

Die Frage ging leider in dem Gespräch, das die beiden Männer nun rund um Haus und Yacht begonnen hatten, unter und am nächsten Tag, als Heinrich sich auf den Weg nach Köln machte, dachte niemand mehr daran.

1. August – *Autobahn 3, nahe Köln*

Der erste August war ein extrem heißer Tag. Kurz bevor Heinrich Köln erreichte, sah er in der Ferne Wetterleuchten.

Er war gut gelaunt. 'Noch eine halbe Stunde und dann bin ich zu Hause`, dachte er. Im Autoradio lief der Wetterbericht. Es wurde vor Unwettern und heftigen Gewittern gewarnt, die für den späteren Nachmittag erwartet wurden.

Aber Heinrich hörte gar nicht richtig hin.

Teil II

Das Ende

---

1. August 2004
bis
28. Juli 2009

2004

1. August – *Zarenweg 9, Köln*

Es war wirklich ein extrem heißer Tag. Anne stand mit nackten Füßen und nur leicht bekleidet in der Küche und räumte im Rhythmus von „In the Summertime" die Spülmaschine aus. Der Radiosender spielte schon den ganzen Vormittag bekannte Schlager, die ihre ohnehin schon gute Laune noch verbesserten.

Am frühen Nachmittag wollte sie rüber fahren zum Haus ihrer Eltern, das am anderen Ende des Kölner Vorortes lag. Heute wollte Heinrich van Reegh, ihr Vater, von seinem Kuraufenthalt aus Meran zurückkommen. Er stand kurz vor seiner Pensionierung und hatte die Gelegenheit noch einmal genutzt, seinen mittlerweile doch recht angeschlagenen Gesundheitszustand soweit wie möglich wieder auf Vordermann zu bringen. Anne freute sich sehr auf ihn. Wenn ihr Vater auch nicht immer ganz leicht zu nehmen war, so war er doch ein liebenswerter Mann, dem das Leben nicht immer nur gut mitgespielt hatte.

Er war in einer sehr wohlhabenden Familie als jüngstes von fünf Kindern aufgewachsen. Das unbeschwerte Leben wurde jäh durch einen schweren Motorradunfall beendet, bei dem der junge Mann schwerste Verletzungen davongetragen hatte. Viele Monate musste er, dem Tod näher als dem Leben, in einem typischen Nachkriegskrankenhaus verbringen. Während dieser Zeit wurde er immer stiller, ernster und in sich gekehrt.

Er schien viele Monate lang nur noch zu funktionieren. Immer wieder war er nahe daran, zu resignieren und aufzugeben.

Er kam nur sehr langsam wieder auf die Beine. Nach seiner Entlassung aus der Klinik hielt ihn nur das Pflichtgefühl gegenüber seiner verwitweten Mutter davon ab, sein Studium hinzuwerfen. Nur, um überhaupt von irgend etwas leben zu können, widmete er sich mehr schlecht als recht dem Wiederaufbau des elterlichen Bauunternehmens.

Jahre später lernte er dann die attraktive Vera kennen. Durch sie und ihre Liebe wurde er ein ganz neuer Mensch. Er hatte wieder Freude am Leben und ein Ziel: ihr gemeinsames Leben.

Nachdem Vera und Heinrich geheiratet hatten, verfolgte er ehrgeizig seine Ziele. Er wollte seiner Frau und den hoffentlich zahlreichen Kindern ein Leben bieten, in dem nie mehr Armut, Hunger, Angst oder Schmerzen eine Rolle spielen sollten. Und er würde allen Zweiflern beweisen, dass man alles erreichen konnte, wenn man sich nur „richtig dahinter klemmte", wie er immer zu sagen pflegte.

Innerhalb weniger Jahre hatte er das kleine Bauunternehmen zu einem der größten in Köln und Umgebung gemacht und nebenbei auch noch erfolgreich sein Architekturstudium beendet. Seine eigenwilligen Ideen, sein Fleiß und sein Mut, neue Wege zu gehen und besondere Ideen zu verfolgen, hatten einen großen Teil seines Erfolges ausgemacht.

Da er seine Mitarbeiter als sein größtes Kapital verstand, hegte und pflegte er sie entsprechend und tat alles in seiner Macht Stehende für seine Leute. Und die gingen mit ihrem Chef durch dick und dünn. Er hatte immer ein offenes Ohr für ihre privaten Probleme, wenn einer von Ihnen in Not war, half er oft sehr rasch und völlig unkonventionell.

Bei seinen zahlreichen Kunden war er wegen seines sachlichen Auftretens, seines großen Erfahrungsschatzes, seines breit gefächerten Wissens und seines zuverlässigen Handelns sehr geschätzt. Dass er für seine Leistungen auch entsprechende Rechnungen stellte, nahm man meist klaglos, sozusagen billigend, in Kauf.

So konnte sich Heinrich am Ende seiner Karriere auf den wohlverdienten Ruhestand freuen und rückblickend zufrieden mit dem geschaffenen großen Vermögen nebst allen damit verbundenen Annehmlichkeiten für seine Familie sein.

Durch das offene Fenster war in der Ferne das Geräusch eines Mähdreschers zu hören. Es war höchste Zeit, das Korn einzufahren, denn bei dieser Hitze war ein heftiges Gewitter am Nachmittag so sicher, wie das Amen in der Kirche.

Anne hatte bereits früh am morgen Fleisch, Salate und Obst eingekauft, um für den Abend ein kleines Grillfest vorzubereiten. Sie hatte das Fleisch eingelegt, Kartoffelsalat zubereitet und einige Flaschen Bier in den Kühlschrank gelegt. Sie wusste, wie sehr ihr Vater solche Abende liebte. Er war trotz seines Erfolges nie sehr anspruchsvoll gewesen und schätzte ein gemütliches

Beisammensein im Kreis seiner Familie weit mehr, als die zahlreichen gesellschaftlichen Verpflichtungen, die er in den vergangenen Jahrzehnten zwangsläufig wahrzunehmen hatte. Diese Veranstaltungen gehörten zwar dazu und die ganz großen Geschäfte wurden häufig bei solchen Anlässen abgeschlossen – gemocht hatte er sie trotzdem nie.

Gedankenverloren schaute Anne aus dem Küchenfenster. Im Garten lief ihre kleine Tochter umher, Harald mähte gerade den Rasen. Die dreijährige Marie spielte mit dem schwarzen Labradorrüden, die beiden eigensinnigen Katzen waren wieder einmal unterschiedlicher Meinung, wer hier heute wen zu jagen hätte und ließen dabei auch keine Gelegenheit aus, dem Hund deutlich zu machen, wer in Haus und Garten die älteren Rechte besaß.

Die kleine Marie war ein ruhiges, freundliches Mädchen, das eine ganz besondere Begabung im Umgang mit Tieren zu haben schien. Anne genoss es sehr, dass ihre Tochter mit Tieren aufwachsen konnte. Sie selbst hatte sich als Kind immer ein Haustier gewünscht doch Vera, ihre Mutter, hielt so gar nichts davon. Tiere passten nicht in ihre Vorstellung eines topp geführten Hauses, das ausschließlich nach ihren Vorstellung eingerichtet und ausgestattet worden war. Ein Tier war hier völlig fehl am Platz und würde das Gesamtbild stören, unnötige Arbeit und möglicherweise Kratzer in den Parkettboden aus erlesenem Holz machen. Außerdem mochte sie den Geruch von Tieren nicht.

Das Klingeln des Telefons riss Anne aus ihren Gedanken. Während sie durch die Diele ins Wohnzimmer ging, um den Anruf entgegen zu nehmen, trocknete sie sich die Hände am Geschirrtuch ab und warf es über die Schulter.

Sie nahm den Hörer ab und noch bevor sie die Gelegenheit hatte, sich mit ihrem Namen zu melden hörte sie die Stimme ihres Vaters:

„Anne...?" - „Vater, du bist schon da?", rief sie überrascht in den Hörer und freute sich, dass er offenbar bereits zu Hause angekommen war. Ohne jedoch auf ihre Begrüßung einzugehen, forderte er sie mit einer fremd klingenden Stimme recht barsch auf, sofort zu ihm zu kommen, es sei etwas Schlimmes passiert.

„Was denn?", fragte sie aufgeregt. Aber da hatte er bereits aufgelegt. „Ich komme sofort!", sagte sie noch in den toten Hörer, dann rannte sie los. Das Blut pochte in ihren Ohren. 'Was ist denn bloß passiert?', dachte sie, während sie hinaus in den Garten lief, in dem Marie gerade versuchte, den hiervon wenig erbauten Hund ins Planschbecken zu bugsieren.

„Schau mal, Mama, Tom will baden", kreischte Marie vergnügt.

„Ich hab´ eher den Eindruck, dass du ihn baden möchtest", rief Anne und blieb einen Moment lang lächelnd stehen. Ihre Tochter war geradezu bezaubernd.

„Na, schon alles fertig?", rief Harald gutgelaunt vom anderen Ende des Gartens.

Sie schüttelte den Kopf, legte den Finger auf die Lippen, zeigte auf Marie und winkte Harald mit der Hand ins Haus. Erstaunt verließ er seinen Rasenmäher, klopfte sich die Hosen aus und kam zur Terrasse. „Was ist denn?"

„Vater hat gerade angerufen. Ich soll sofort zu ihm kommen."

„Was, jetzt schon? Na, da hat er sich aber ordentlich beeilt. Bestimmt hat er dir etwas Besonderes mitgebracht und will dich damit überraschen", meinte er beruhigend.

„Nein, so klang er nun wirklich nicht. Ich habe richtig Angst, dass etwas passiert ist. Meinst du, ihr kommt klar, wenn ich jetzt mal schnell zu ihm fahre und du machst euch beiden schon mal was zum Essen?"

Harald nahm sie beruhigend in den Arm und streichelte ihr über den Rücken. „Logisch. Nun mach dir mal keine Sorgen. Nicht um Heinrich und um uns schon gar nicht. Wir kommen zurecht und du wirst sehen: dein Vater hat nur eine Überraschung für dich."

Schnell gab Anne ihrer Tochter einen Kuss auf die Wange, lief ins Haus und griff im Vorbeigehen nach den Auto- und Haustürschlüsseln. Erst in ihrem Wagen merkte sie wirklich, wie aufgeregt sie war. Sie hatte Mühe, den Motor zu starten und beim Zurücksetzen zitterte ihr linkes Bein auf dem Kupplungspedal.

Einbrecher? Schließlich war das Haus die letzten Tage nicht bewohnt gewesen, weil auch Vera, ihre Mutter, für ein paar Tage zu ihrer Freundin Margot gefahren war.

Anne gab Gas. Sie bekam diese veränderte Stimme ihres Vaters einfach nicht aus dem Kopf.

1. August – *van Reegh'sche Villa, Köln*

Als sie die schmale Straße entlangfuhr, in der sich ihr Elternhaus befand, klopfte ihr Herz so stark, dass es in ihren Ohren dröhnte. Eine beklemmende Angst war an die Stelle ihrer inneren Unruhe getreten. Sie wusste überhaupt nicht, was sie erwarten würde, spürte jedoch deutlich, dass ihrer aller, mehr oder weniger beschauliches, Leben mit dem heutigen Tag radikal beendet war.

Sie bog in die Auffahrt ein. Vor dem Haus parkte der Wagen ihres Vaters. Auf den ersten Blick sah eigentlich alles aus, wie immer.

Anne stieg aus dem Wagen. Achtlos ließ sie die Autotür hinter sich offen und eilte die Treppe hinauf.

Nur am ganz Rande nahm sie wahr, dass der Rasen nicht gemäht war und dass die Blumenbeete, die den kurzen Weg zum Eingang säumten, einen äußerst ungepflegten Eindruck machten. Die verblühten Rosen waren nicht geschnitten und die Blütenblätter lagen grau und verwelkt auf den Beeten. Der Erde war nicht wie sonst sauber geharkt und überall spross das Unkraut.

Auf ihr Klingeln rührte sich nichts im Haus. Vergebens suchte sie in ihrer Handtasche nach dem Haustürschlüssel. Dann fiel ihr ein, dass ihre Mutter sie ja vor einigen Wochen darum gebeten hatte, ihr den Hausschlüssel zu geben, weil sie ihren eigenen verlegt hatte.

Wieder und wieder drückte Anne den Klingelknopf. Sie konnte ihre Nervosität kaum noch unter Kontrolle halten. Als sie dann auf die Idee kam, Heinrich anzurufen und ihn zur Türe zu bitten fiel ihr ein, dass sie ihr Handy natürlich zuhause auf dem Küchentisch liegen gelassen hatte. Sie war der Verzweiflung nah.

Nach endlosen Minuten öffnete Heinrich schließlich die Tür. Sein Gesicht war starr und kalkweiß. Anne zuckte zusammen.

Als sie ihn zur Begrüßung umarmte, spürte sie kalten Schweiß in seinem Gesicht. „Hast du davon gewusst?", fragte er die verdutzte Anne, ohne auf ihre Umarmung zu reagieren. Dann drehte er sich ohne ein weiteres Wort um und ging durch die große Eingangshalle in Richtung Wohnzimmer. Sein Gang hatte nichts mehr von der Energie und dem Durchsetzungsvermögen, das Anne von ihrem Vater gewohnt war. Er ging leicht vornüber gebeugt und hatte die Schultern ungewöhnlich hoch gezogen.

„Wovon redest du denn?", fragte sie und lief völlig verunsichert hinter ihm her.

Aber Heinrich blieb nur im Türrahmen stehen und wies mit einer knappen Geste ins Wohnzimmer.

Ihr Blick wanderte ungläubig durch den ganzen Raum. Sie konnte nicht glauben, was sie dort mit eigenen Augen sah.

Heinrich lehnte mit dem Rücken am Türrahmen und schwankte leicht. Wie er so da stand, erinnerte er sie an einen entwurzelten Baum. Er sagte kein Wort. Nur in seinem Blick spiegelten sich Wut, Müdigkeit und Vorwurf.

„Mein Gott! Was ist hier passiert?", brachte sie nur mit Mühe heraus, und starrte entsetzt in den Raum.

Wo waren die wertvollen Möbel, die noch vor wenigen Tagen hier standen, als sie sich von ihrer Mutter verabschiedete. Wo die Perserteppiche, die vielen Öl-

Gemälde? Wo waren die Stores und Vorhänge?

Das große Wohnzimmer mit Zugang zur großen Veranda war einer der Räume gewesen, auf den Vera immer besonderen Wert gelegt hatte. Deshalb hatte sie dieses Zimmer auch mit besonderer Sorgfalt eingerichtet. Nichts war dem Zufall überlassen worden: in diesem Wohnzimmer passte jedes noch so kleine Detail zu einander.

Aber jetzt?

Der Raum war mit einer unmodernen, durchgesessenen Sitzgarnitur mit geschmacklosen Blumenmustern, zwei entsprechenden Sesseln, einem hässlichen Couchtisch, einem billigen Wohnzimmerschrank, einem Fernsehtisch und einem uralten Fernsehgerät möbliert. Auf dem Tisch lag eine billige Tischdecke, auf der ein geborstener Blumentopf mit einer Plastikblume thronte. Der Parkettboden war mit zwei staubbraunen, abgetretenen, unechten Teppichen ausgelegt. Selbst die Gardinen waren ausgewechselt.

Anne hatte das Gefühl, sie sei in einem schlechten Film. Sie wusste nicht, ob sie nun über einen gelungenen Scherz lachen oder in Tränen der Angst und der Wut ausbrechen sollte. Wieder drehte sie sich um und sah ihren Vater an. „Was ist hier passiert?", fragte sie ihn erneut.

„Das frage ich dich", antwortete er gereizt, als wenn er sich sicher sei, dass sie irgend etwas mit dem Ganzen zu tun hätte.

Anne verstand die Welt nicht mehr. Sie war genauso erschrocken über das, was sie hier sah. Wie konnte er nur glauben, dass sie auch nur eine Ahnung haben könnte, was hier passiert war?

„Einbrecher!", schlug sie verzweifelt vor, aber diesen Gedanken verwarf sie in dem Moment, in dem sie ihn ausgesprochen hatte. Aber warum sollten sich Einbrecher die Mühe machen, das millionenschwere Mobiliar nach einem erfolgreichen Beutezug 1:1 durch billigen und wertlosen Plunder zu ersetzen?

„Wo ist überhaupt deine Mutter?". Der Ton in Heinrichs Stimme war äußerst gereizt. Sie wusste es genauso wenig wie er. „Ich weiß nur, dass sie zu ihrer Freundin Margot ins Bergische Land fahren und vor deiner Rückkehr heute nachmittag wieder hier sein wollte", antwortete Anne hilflos.

Stimmt. Wo steckte ihre Mutter überhaupt? Sie hätte schon längst wieder hier sein müssen. War ihr etwas zugestoßen? Mutter hatte sich seit Tagen nicht bei Anne gemeldet. Trotzdem: sicher hatte sie sich nur etwas verspätet und würde jeden Moment zur Tür hereinkommen. Und wenn nicht? Was dann? Was war hier geschehen? Annes Mund war staubtrocken.

„Ich hol uns was zu trinken", krächzte sie und ging zur Küche. Als sie die Küchentür öffnete, blieb sie wie angewurzelt stehen, ohne die Klinke loszulassen. Hier bot sich ebenfalls ein völlig verändertes Bild. Außer den Einbaumöbeln war auch hier alles ausgetauscht worden. Die maßgefertigte Eckbank mit Tisch und Stühlen war gegen eine billige Gruppe aus dem Möbeldiscount eingetauscht. Die teure Designerkaffeemaschine gegen eine billige aus Plastik, der Edeltoaster gegen ein Kaufhausmodell. Im Unterschied zum Wohnzimmer waren hier die Gardinen nicht ausgetauscht, sondern überhaupt nicht mehr vorhanden. Anne löste sich aus der Erstarrung und öffnete misstrauisch einen der oberen Einbauschränke. Auch hier das gleiche Bild. An die Stelle des teuren Markenporzellans war ein Allerweltsgeschirr getreten. Im nächsten Schrank waren die Gläser ausgetauscht. Die Töpfe im Unterschrank waren durch billigste Blechprodukte ersetzt.

Bevor sie noch irgendeinen weiteren Gedanken fassen konnte, rief Heinrich nach ihr. Er befand sich zwischenzeitlich im Esszimmer. Anne lief durch die Eingangshalle in das angrenzende Esszimmer. Es war ein Alptraum. Auch hier waren sämtliche Möbel ausgetauscht oder spurlos verschwunden.

Die beiden sahen sich schweigend an und hatten in diesem Moment wohl auch den gleichen Gedanken. Sie stürzten aus dem Zimmer und liefen zu Heinrichs Büro, das sich ebenfalls im Erdgeschoss befand. Auch hier bot sich dasselbe Bild.

Der schwere Schreibtisch aus Eiche und der dazu passende riesige Schrank mit seinen wertvollen Schnitzereien, die Teppiche, die Gemälde an den Wänden. Alles war ausgetauscht. Heinrichs Unterlagen und Akten waren teils auf dem Boden verteilt, teils hatte sie jemand achtlos in die überall herumstehenden Bananenkartons geworfen.

Im ganzen Haus bot sich das gleiche Bild. In sämtlichen Zimmern, auch im Obergeschoss, waren sämtliche Kunstwerke, Einrichtungsgegenstände, Schrank-, Vitrinen- und Schubladeninhalte verschwunden und durch billigste Produkte und Imitate ersetzt worden.

Es gab nur eine Ausnahme: Veras Schlafzimmer war komplett leer. Kein Bett, keine Kommode, kein Teppich, keine Stehlampe, keine Gardine. Auch das angrenzende Ankleidezimmer war leer, im Wandschrank befand sich noch nicht einmal mehr ein Kleiderbügel.

Im Augenwinkel sah sie, wie ihr Vater langsam in die Knie sank. Sie konnte ihn gerade noch rechtzeitig erreichen, denn er war kurz davor, umzukippen. Sie hakte sich bei ihm unter und führte ihn zu einem Stuhl in der Diele. Auch dieser Stuhl war alt und abgewetzt und hatte den Platz des antiken Sessels, der vorher hier stand, eingenommen. „Setz dich Vater. Ich hol uns jetzt erst mal ein Glas Wasser". Sie hatte Angst, große Angst. Am liebsten wäre sie davongelaufen. Aber sie konnte doch ihren Vater nicht alleine lassen, es ging ihm offensichtlich sehr schlecht.

Ihre Gedanken flogen. Was wurde hier gespielt? Alles war so irreal. Sogar der Geruch der Villa hatte sich verändert. Anne sah die Katastrophe mit eigenen Augen, aber irgendwie nahm sie sie noch gar nicht wahr.

Aus der Küche rief sie Harald an. Ihre Hände zitterten so sehr, dass sie Mühe hatte, die Nummer zu wählen. Sie hielt den Telefonhörer fest umklammert, als wenn er ihr den nötigen Halt geben könnte. Das Freizeichen dröhnte. Endlich meldete sich Harald mit seiner tiefen, ruhigen Stimme.

„Harald, ich bin es. Kannst du bitte sofort herkommen. Aber bring vorher Marie zu deinen Eltern, ja?"

„Du liebe Zeit, was ist denn passiert?", wollte er wissen.

„Ich weiß es nicht. Aber es ist schrecklich, ich habe solche Angst, bitte komm sofort!". Sie hatte Mühe, jetzt nicht endgültig in Tränen auszubrechen und in Panik zu geraten.

Harald fragte gar nicht erst nach ausführlicheren Erklärungen. „Ich bin in 15 Minuten da", sagte er knapp und legte auf.

Kurz darauf fuhr ein Wagen mit ziemlichem Tempo die Auffahrt hinauf. Die Kieselsteine spritzten, als der Wagen scharf abgebremst wurde. Sekunden später klingelte es. Eilig lief Anne zum Eingang und öffnete Harald die Tür.

Als er sie fragend ansah, liefen ihr die Tränen übers Gesicht. „Vater ist drinnen", stammelte sie, mehr brachte sie nicht über die Lippen. Harald nahm seine Frau in den Arm und drückte sie an sich. Dann durchquerte er ahnungslos die Eingangshalle. An der Türe zum Wohnzimmer stoppte er abrupt. „Was ist denn hier passiert?"

Als er Haralds Stimme hörte, reagierte endlich auch Heinrich wieder. Er erhob sich mühsam aus seinem Sessel und kam seinem Schwiegersohn auf ziemlich wackeligen Beinen entgegen. „Es ist in allen Räumen das gleiche. Als wenn jemand die Häuser getauscht hätte."

„Weiß die Polizei schon Bescheid?"

„Nein."

„Warum nicht?", wunderte sich Harald. „Das ist doch das Erste, was man in solch einem Fall tut: die Polizei anrufen. Spurensicherung und so..."

„Weil ich das jetzt nicht will!", schnitt Heinrich ihm das Wort ab und stieg dabei mühsam die Treppe hinauf. Es sah aus, als wenn er sich am Handlauf Schritt für Schritt nach oben ziehen würde.

Harald sah seine Frau fragend an, während die beiden Heinrich nach oben folgten.

„Was sagt Vera denn dazu?", fragte Harald leise.

„Mutter ist noch gar nicht wieder zurück", antwortete Anne.

Zu dritt nahmen sie nach und nach nochmals sämtliche Zimmer in Augenschein. Hier hatte jemand sehr gründliche Arbeit geleistet. Nur wer und warum?

Auch die gesamte Außenanlage machte einen ungepflegten Eindruck. Warum war der Hausmeister, der normalerweise mehrmals wöchentlich kam, seiner Arbeit nicht nachgegangen?

Ein heftiger Blitz, gefolgt von einem krachenden Donner, ließ sie zusammenzucken. Die ersten dicken Tropfen fielen und sie beeilten sich, wieder in die Villa zu kommen. Als Heinrich die Verandatür hinter sich schloss, wurde ein Blatt Papier von dem Windzug erfasst und segelte lautlos in eine Ecke des Raums.

Heinrich bemerkte es nicht.

1. August – *Restaurant Kaisergarten, Köln*

Zur gleichen Zeit knallten nicht weit entfernt die Sektkorken. Das laute Lachen einer Frau war in den Geräuschen aus klingenden Gläsern, Stimmengewirr und Tellerklappern deutlich heraus zu hören. „Prost!", rief sie laut aus. „Auf ein neues, unbeschwertes Leben!" Die Dame führte das Champagnerglas zum Mund und summte: „Einmal um die ganze Welt und die Taschen voller Geld".

Ein kleiner Mann war sehr stolz auf das von ihm inszenierte Gaunerstück. Der erste Akt war erfolgreich über die Bühne gegangen. Er nickte zufrieden. Endlich war er seinem großen Traum ganz nah. Auch er ließ sich den Champagner schmecken und fühlte sich großartig. So süß konnte das Leben mit viel Geld also sein.

2. August – van Reegh'sche Villa, Köln

Am nächsten Morgen waren Anne und Harald schon auf den Beinen, bevor die ersten Vögel zwitscherten. Die kleine Marie war über Nacht bei Haralds Eltern geblieben, die Harald noch am Abend über die seltsamen Vorkommnisse informiert hatte. Sie hatten versprochen, die kleine Marie so lange zu betreuen, wie es notwendig war, baten aber darum, dass man sie auf dem laufenden halten sollte. Sie machten sich schließlich auch Sorgen.

Sehr früh machte sich Anne auf dem Weg zu ihrem Vater.

Heinrich sah erbärmlich aus. Unrasiert, müde, um viele Jahre gealtert, alt und krank.

„Guten Morgen Vater." „Gibt´s schon was Neues? Hast du von Mutter schon etwas gehört?"

„Nein. Ich habe x-mal bei Margot angerufen, da läuft noch nicht einmal ein Band. Auch bei Max habe ich es gestern noch mehrmals versucht. Alles ohne Erfolg".

„Ich habe uns was zum Frühstück mitgebracht. Du musst unbedingt etwas essen."

„Ich möchte jetzt nichts essen. Ich kann mich doch jetzt nicht hinsetzen und frühstücken. Ich muss doch irgendetwas unternehmen. Ich geh wieder in mein Arbeitszimmer und telefoniere."

„Willst du nicht wenigstens vorher mal unter die Dusche und ich mache dir in der Zeit einen starken Kaffee?"

Widerstrebend willigte Heinrich ein und verschwand kurz darauf im Badezimmer.

Als er fertig geduscht hatte, war das Frühstück fertig. Anne hatte in der Küche gedeckt. Die Brötchen waren geschmiert und der Kaffee schon eingeschenkt. Erst jetzt wurde Heinrich bewusst, dass sein Magen knurrte und so nahm er schließlich an einem Tisch Platz, den er nie zuvor gesehen hatte.

„Ich weiß nicht, wo ich anfangen soll", sagte Heinrich, der sein Brötchen nicht anrührte. „Bei den alten Bekannten will ich nicht nachfragen. Wie sieht das aus, wenn ich meine eigene Frau suche? Und von Veras neuem Bekanntenkreis habe ich kaum eine Telefonnummer."

„Hast du schon bei eurer Haushälterin angerufen? Die müsste doch eigentlich längst hier sein, oder?"

„Ja, klar. Aber sie ist nicht ran gegangen. Sie wird auf dem Weg sein."

„Und wenn wir doch bei der Polizei anrufen? Irgendwo müssen wir doch anfangen."

Heinrich nahm nun endlich wenigstens einen Schluck

Kaffee. „Ich rufe noch mal bei Max und Margot an. Und dann schaue ich, wen wir sonst noch anrufen können. Wenn wir bis zum Mittag immer noch nichts wissen, informieren wir die Polizei", sagte er entschlossen und erhob sich. „Danke für den Kaffee."

Kurz darauf hörte Anne, wie ihr Vater in seinem Arbeitszimmer offenbar mit Max telefonierte. Den Antworten ihres Vaters konnte sie jedoch entnehmen, dass auch Max keine Ahnung über den Aufenthaltsort von Vera oder überhaupt eine Idee hatte, was im Haus geschehen sein könnte. Bei Margot meldete sich immer noch niemand.

Heinrich versuchte krampfhaft, nicht die Nerven zu verlieren. Was sollte er tun? Zur Polizei gehen? Was sollte er da sagen? Dass seine Frau nicht wie verabredet von einem Kurzurlaub bei ihrer Freundin zurückgekommen sei? Dass sein Haus leer geräumt und mit altem Gerümpel vollgestopft worden war? Würden die ihm das überhaupt glauben? Und was würden sie raten? Die nächsten 48 Stunden noch abzuwarten? Sollte er sich in aller Ruhe anhören, dass Vera sicherlich bald wieder auftauchen würde? Dass das in den besten Familien vorkommen würde? Gleichzeitig würde er zum Ortsgespräch werden. Nein, das wollte er zu diesem Zeitpunkt nicht. Nicht zu aller Sorge auch noch das Getratsche der Leute. Die hatten aufgrund Veras Extravaganzen in den letzten Jahren schon genug über das van Reegh´sche Haus getuschelt.

Er beschloss zunächst, in den umliegenden Krankenhäusern nachzufragen.

Unterdessen durchstreifte Anne noch einmal ihr gesamtes Elternhaus. Dabei fiel ihr Blick auf einen kleinen, glitzernden Gegenstand, der in der Nähe des Treppengeländers in dem hohen Flor des Teppichbodens funkelte. Als sie den Gegenstand zwischen Zeigefinger und Daumen drehte, erkannte sie einen Ohrstecker von Vera.

Es war der erste persönliche Gegenstand von Vera, den sie im ganzen Haus entdeckt hatte. Erst jetzt fiel ihr auf, wie gründlich das ganze Haus gereinigt worden war. So als wenn peinlich darauf geachtet worden wäre, keinerlei Spuren zu hinterlassen. Bedrückt ging Anne durch die große Wohnhalle hinüber ins Wohnzimmer. Wieder spürte sie, wie ihr übel wurde. Sie ging zu der großen Verandatür, um frische Luft hereinzulassen, dabei fiel ihr Blick auf ein Blatt Papier, das auf dem Boden in der Ecke lag. Eine Kölner Telefonnummer. Veras Handschrift.

Sofort ging Anne zu ihrem Vater.

„Ich habe im Wohnzimmer diesen Zettel gefunden. Die Handschrift ist eindeutig die von Mutter. Und oben in der Diele lag dieser Ohrstecker von ihr."

Einen Moment schaute Heinrich auf den Zettel, dann griff er zum Telefon, stellte auf ′laut′ und wählte die angegebene Nummer.

„Dom Catering Köln, guten Tag. Was kann ich für sie tun?", meldete sich am anderen Ende eine freundliche Stimme. „Ja, hier van Reegh", meldete sich Heinrich kurz und noch bevor er irgendetwas sagen konnte, plapperte die Dame am anderen Ende der Leitung los: „Guten Tag Herr van Reegh, schön dass sie sich melden. Wann möchten sie das bestellte Essen geliefert bekommen?"

„Ich habe kein Essen bei ihnen bestellt. Ich…"

„Herr van Reegh, das Essen ist für sie vor 2 Tagen telefonisch bestellt worden. Und zwar von heute an für einen Monat im Voraus. Täglich ein dreigängiges Mittagsmenü, welches wir ihnen zu einer noch festzulegenden Uhrzeit anliefern sollen."

„Wer hat das bestellt?", Heinrich schnappte nach Luft.

„Das kann ich ihnen leider nicht sagen, das ist hier nicht vermerkt. Nur das, was ich ihnen eben schon sagte und natürlich die Lieferadresse und ihre Telefonnummer. Wann dürfen wir denn heute anliefern?"

„Gar nicht!", brüllte Heinrich in den Hörer und legte auf.

„Was war das denn?" fragte Anne erstaunt und schaute ihren Vater perplex an. „Welcher Film läuft denn hier ab?"

„Film. Das ist das richtige Wort. Und deine Mutter spielt darin offenbar die Hauptrolle."

„Was meinst du damit?", fragte Anne verständnislos.

„Ich weiß es nicht genau, aber ich bin überzeugt, dass deine Mutter irgendeine Rolle in diesem Theaterstück spielt. Ich weiß nur noch nicht, welche".

„Traust du ihr so was denn wirklich zu?"

„Du nicht?"

Sie blieb ihm die Antwort schuldig.

Die Haushälterin war immer noch nicht da und bis zum frühen Nachmittag hatte sich auch Vera nicht gemeldet. Inzwischen hatte Heinrich seinen Freundes- und Bekanntenkreis dann doch noch abtelefoniert. Niemand schien etwas über Veras Verbleib zu wissen. So versuchte der eine oder andere ihn zu beruhigen, indem allerlei möglichen plausiblen Erklärungen für ihre Abwesenheit abgegeben wurden. Über den Zustand des Hauses hatte Heinrich bei niemandem ein Wort verloren.

Harald kam er erst am frühen Nachmittag in die Villa.

„Gibt's was Neues?" fragte er sofort, als er seine Frau mit einem Kuss begrüßt hatte.

„Nein. Das heißt doch." Anne erzählte ihm von dem Anruf bei dem Caterer und dass ansonsten niemand irgendetwas vom Verbleib ihrer Mutter wisse. „Sie ist wie vom Erdboden verschwunden".

„Ist Heinrich in seinem Arbeitszimmer? Wir drei sollten uns noch mal hinsetzen und in Ruhe alles durchgehen."

Nach einigem Hin und Her ließ sich Heinrich endlich davon überzeugen, augenblicklich die Polizei zu informieren und zur Wache zu fahren.

Plötzlich klingelte es an der Tür. Da die beiden Männer sowieso gerade im Aufbruch waren, öffneten sie umgehend.

Ein Bote grüßte freundlich und überreichte Heinrich einen Umschlag. Heinrich quittierte den Empfang und riss den Brief im Gehen auf.

Er hatte erst wenige Zeilen gelesen, als sämtliche Farbe aus seinem Gesicht verschwand. Er schwankte und ließ kraftlos die Hand sinken. Er brachte kein Wort heraus. Seine Augen sahen erst Anne und dann Harald Hilfe suchend an.

Harald nahm ihn sanft am Arm und führte ihn zurück ins Haus, wo er ihn erst einmal in den nächst besten Stuhl drückte. Heinrich reichte Harald den Brief, den er immer noch in der Hand hielt. „Lies", sagte er knapp.

Zuerst fiel Harald der Briefkopf des Anwaltes ins Auge. Er kannte die Kanzlei. Es war ein bekannter Scheidungsanwalt, der schon mehrfach mit spektakulären Scheidungsprozessen öffentliches Aufsehen erregt hatte.

Nachdem er die ersten Zeilen überflogen hatte, las er laut vor:

Familienrechtsangelegenheit van Reegh ./. van Reegh

Sehr geehrter Herr van Reegh,

bitte nehmen Sie zur Kenntnis, dass ich in vorbezeichneter Angelegenheit die Interessen Ihrer Ehefrau Vera von Reegh vertrete. Anwaltliche Vollmacht wird versichert.

Meine Mandantin hat sich nach reiflicher Überlegung entschlossen, den Erfordernissen des Gesetzes entsprechend zur Vorbereitung eines späteren Scheidungsverfahrens von Ihnen getrennt zu leben und hat dies durch ihren Auszug und Einzug in eine andere Wohnung auch nach außen hin dokumentiert.

Meine Mandantin hat mich ausdrücklich nicht befugt, Ihnen ihre neue Anschrift mitzuteilen; sie besteht darauf, jeglichen

Schriftverkehr ausschließlich über meine Kanzlei führen.

Meine Mandantin ist Ihnen über ihre Schritte keinerlei Rechenschaft schuldig, ist jedoch überzeugt davon, dass auch Sie eines Tages begreifen werden, dass meiner Mandantin ein weiteres Zusammenleben mit Ihnen unter einem Dach - aufgrund des immer wieder erneut an den Tag gelegten ehefeindlichen Verhaltens Ihrerseits - nicht länger zuzumuten war.

Es braucht nicht gesondert darauf hingewiesen zu werden, dass Sie meiner Mandantin von Gesetzes wegen zu angemessenen Unterhaltsleistungen verpflichtet sind…

Es folgten noch Ausführungen zur Höhe des Unterhaltes und der Zahlungsmodalitäten. Es fehlte auch nicht die Ankündigung einer streitigen Entscheidung, falls keine freiwilligen Zahlungen erfolgten sollten.

Als Harald das Schreiben verlesen hatte, polterte Heinrich sofort los: „Keinen Pfennig bekommt sie von mir! Nicht nur, dass sie das gesamte Haus leer geräumt hat, nun will sie auch noch an mein Geld." Erbost stand er auf. Sein Gesicht war puterrot. „Eben wollte ich noch zur Polizei gehen und sie als vermisst melden, und jetzt das. Gutes Timing, sage ich da nur. Perfekt, um mich in den Herzinfarkt zu treiben!" In seiner Wut schrie er seine Tochter an: „Und du fragst mich, ob ich ihr das zutraue?"

„Heinrich! Beruhige dich!", schritt Harald ein. „Die Situation ist so schon absurd genug. Wenn wir uns jetzt auch noch gegenseitig in die Wolle kriegen und den Kopf verlieren, ist damit niemandem geholfen!"

Heinrich setzte sich wieder. Schließlich nickte er zustimmend. „Was schlagt ihr vor?"

„Da Vera den unmittelbaren Kontakt mit uns ablehnt, denn bei uns hat sie sich ja auch nicht gemeldet, wird dir nichts anderes übrig bleiben, als mit dem Anwalt zu korrespondieren. Und dazu wirst du auf jeden Fall auch einen Anwalt benötigen", meinte Anne schnell. Heinrich merkte auf: wie entschlossen und handfest seine Tochter doch sein konnte, wenn es drauf ankam! Er nickte. Ein Anruf bei seinem Anwalt erschien auch ihm das Vernünftigste zu sein, was er heute noch tun konnte.

Und natürlich ging man auch nicht zur Polizei. Nicht unter diesen Umständen!

3. August – *Kanzlei Wagner, Köln*

Am Telefon bestätigte Rechtsanwalt Brinckmann zunächst nur kurz die Rechtmäßigkeit einer Unterhaltsforderung, sagte aber auch, dass er nicht der Fachmann für Scheidungsangelegenheiten sei. Als einen geeigneten Anwalt benannte er einen Studienkollegen Wagner, dessen Kanzlei sich ganz in der Nähe befände und der im Bereich Familienrecht ein ausgewiesener Experte sei. Brinckmanns Sekretärin vereinbarte noch am gleichen Tag einen Termin für Heinrich.

Kaum dass Rechtsanwalt Wagner Heinrich begrüßt hatte, platzte dieser auch sogleich mit seinem Zorn über die Ereignisse der letzten Tage und das seiner Meinung nach unverschämte Schreiben von Veras Anwalt heraus.

Herr Wagner war von seinen Mandanten derartige

Gefühlsausbrüche durchaus gewohnt. Scheidungsangelegenheiten waren sehr oft mit großen Emotionen verbunden. Kaum einer seiner Mandanten blieb objektiv dabei. Und so wartete er ruhig ab, bis Heinrich seiner Empörung Luft gemacht hatte.

„Es ist doch eine bodenlose Unverschämtheit, bei Nacht und Nebel zu verschwinden, mir die Villa leerzuräumen und mir dann auch noch ehefeindliches Verhalten vorzuwerfen, obwohl sie mich seit Jahren immer wieder betrogen hat."

Herr Wagner, der zwischenzeitlich das Schreiben der Gegenseite überflogen hatte, wies Herrn van Reegh allerdings eindringlich darauf hin, dass er um eine Unterhaltszahlung nicht herum kommen würde, ob er das wolle oder nicht. So sei nun einmal die Rechtslage. Nur über die Höhe könne man eventuell mit der Gegenseite verhandeln.

Selbstverständlich würde er Heinrichs Argumente bei den Unterhaltsverhandlungen berücksichtigen, zum Beispiel das fehlende Mobiliar, das einen nicht unerheblichen Wert darstellte. Und natürlich die Tatsache, dass Heinrich nach wie vor fest entschlossen war, sich aus dem aktiven Geschäftsleben zurückzuziehen und bereits alle Vorbereitungen hierfür abgeschlossen waren. Um sich ein genaueres Bild machen und eine entsprechende Erwiderung auf das Schreiben der Gegenseite aufsetzen zu können, benötige er allerdings noch einige Unterlagen, zum Beispiel aktuelle Einkommensnachweise und, wenn möglich, auch die zu erwartenden geringeren Einkünfte bei Heinrichs Rückzug aus dem aktiven Geschäftsleben, laufende Ausgaben usw. Zusammengefasst sollte dies dann eine erhebliche Differenz zu dem von der Gegenseite geforderten Unterhalt ergeben.

Dennoch: das Gespräch bei Rechtsanwalt Wagner hatte Heinrich nicht beruhigen können. Er fühlte sich verletzt, angegriffen und gedemütigt. Das wollte er so auf keinen Fall hinnehmen.

Nachdem das Taxi bezahlt war und er die dunkle Eingangshalle durchquert hatte, in der seine schweren Schritte wegen fehlender Teppiche laut hallten, begab er sich ins Arbeitszimmer. Gott sei Dank war ihm der Cognac geblieben.

4. August – *van Reegh'sche Villa, Köln*

Am nächsten Morgen saß Heinrich ganz gegen seine Gewohnheiten im Bademantel am Frühstückstisch. Es ging ihm nicht gut, da er gestern entschieden zu tief in die Flasche geschaut hatte und Alkohol in solchen Mengen nicht gewohnt war. Sein Kopf tat ihm weh und der Kreislauf spielte auch nicht richtig mit. Der Kaffee, den er sich zubereitet hatte, schmeckte abscheulich.

Das Klingeln am Tor registrierte er deshalb zunächst gar nicht. Außerdem war er es gewohnt, dass das Personal sich um so etwas kümmerte. Erst, als anhaltender und fordernder geklingelt wurde, kämpfte Heinrich gegen den Schwindel an und begab sich zur Haustür, neben der die Gegensprechanlage mit dem Monitor der Videoüberwachung für das Tor installiert war.

Auf dem Bildschirm konnte er zwei Männer und eine Frau erkennen. Heinrich meldete sich über die Gegensprechanlage. Einer der Männer, ein recht junger Mann im dunklen Anzug und mit einer Aktentasche unter dem Arm, trat an das Mikrofon und stellte sich als Immobilienmakler vor. Er habe mit Frau van Reegh, die ihn mit dem Verkauf des Anwesens beauftragt habe, einen Besichtigungstermin vereinbart und sei nun mit den Kaufinteressenten, dem Ehepaar, das neben im stehe, hier, um den Termin wahrzunehmen. Heinrich verstand nichts von dem, was er hörte und ließ den Makler alles noch einmal wiederholen. Dann brüllte er so laut in die Anlage, dass der Makler einen Schritt vom Lautsprecher zurücktrat: „Was erlauben sie sich, hier zu klingeln? Das ist mein Haus! Ich habe keinen Makler beauftragt. Das Haus steht nicht zum Verkauf. Verschwinden Sie, oder ich rufe die Polizei!" Er schaltete die Gegensprechanlage aus, wankte zurück zum Frühstückstisch und ließ sich schwer in einen Stuhl fallen. Er hatte Kopfschmerzen. Was war das nun wieder? Steckte tatsächlich Vera dahinter? Wenn ja, wollte sie ihn vollständig ruinieren oder mit immer neuen Aufregungen umbringen?

Abrupt stand Heinrich wieder auf und ging in sein Arbeitszimmer, um Anne anzurufen. Wieder und wieder wählte er ihre Nummer, aber die Leitung war ständig belegt. „Verdammt noch mal", fluchte er und schmiss den Hörer mit Schwung in die Ladeschale.

Dann klingelte der Tischapparat. „Na endlich!", rief Heinrich in dem festen Glauben, dass seine Tochter ihn endlich zurückrufen würde.

„Herr van Reegh?" Am anderen Ende meldete sich Herr König, der Direktor von Heinrichs Hausbank. „Sie haben meinen Anruf erwartet? Guten Morgen. Gut, dass ich sie erreiche. Uns sind da einige ungewöhnliche Bewegungen auf ihren Privatkonten aufgefallen."

„Wieso, welche? Ich war bis vor wenigen Tagen zur Kur. In den letzten Wochen habe ich nichts Besonderes veranlasst", wunderte sich Heinrich.

„Nun ja, alle vier Konten sind bis weit über das vereinbarte Kreditlimit hinaus ausgeschöpft. Das ist in all den Jahren noch nie vorgekommen. Und jetzt habe ich hier noch verschiedene Lastschriften vorliegen und wollte deshalb kurz persönlich bei ihnen nachfragen, ob..."

„Was sagen sie da?", bellte Heinrich. „Können Sie das bitte noch einmal wiederholen?"

„Ihre privaten Konten sind alle bis…"

„Ja, Herr König! Ich habe sie schon verstanden. Danke schön!", brüllte Heinrich und knallte den Hörer ohne Weiteres auf die Gabel.

Der verblüffte Herr König betrachtete kopfschüttelnd das Telefon in seiner Hand. So hatte er seinen langjährigen Kunden ja noch nie erlebt.

Heinrich zitterte am ganzen Körper. Kleine schwarze Punkte tanzten vor seinen Augen und er hörte das Hämmern seines Herzschlages laut und deutlich in den Ohren. Ihm wurde schwindelig. Er fühlte sich wie ein angeschossenes Tier, das die Treiber immer weiter in die Enge jagten und er wusste weder, wer die Jäger waren, noch, wann das große und endgültige Halali kam.

Es dauerte fast eine Stunde, bis es ihm etwas besser ging und er sich wieder halbwegs im Griff hatte.

Gerade, als er seine Tochter anrufen wollte, klingelte erneut das Telefon. Sein Puls schoss sofort in die Höhe. Das Rauschen in den Ohren nahm wieder zu. Er hatte regelrecht Panik, an den Apparat zu gehen. Nicht noch eine Hiobsbotschaft! Es klingelte, wie ihm schien, endlos lange, bis er sich doch entschloss, den Hörer abzuheben.

"Vater. Störe ich dich gerade? Erst war besetzt und dann hat es hat so lange geklingelt. Ich habe endlich Frau Schmidt erreicht. Weißt du, warum sie nicht gekommen ist?", legte Anne sofort los. „Mutter hat ihr, der Putzhilfe und dem Hausmeister gekündigt. Genau an dem Tag, als du in Kur gefahren bist. Sie hat ihnen schriftlich bestätigt, dass ihre Gehälter noch 6 Wochen weitergezahlt würden und jedem einen Umschlag mit einem kompletten Monatsgehalt in bar in die Hände gedrückt. Sie hat sich auch in deinem Namen für die jahrelange gute Zusammenarbeit bedankt und dann alle nach Hause geschickt. Eine Erklärung oder einen irgendeinen Grund hat sie nicht genannt."

Am anderen Ende der Leitung war alles still. „Vater? Alles in Ordnung?"

„Nein", antwortete Heinrich. „Ich hatte vorhin einen Anruf von Herrn König von der Bank. Und dann stand eben noch ein Makler vor der Tür und wollte die Villa besichtigen. Deine Mutter möchte nämlich das Haus verkaufen - lächerlich!"

5. August – *van Reegh'sche Villa, Köln*

Heinrich widmete sich ganz der Zusammenstellung der Unterlagen für Rechtsanwalt Wagner. Trotz dieser Ablenkung fühlte er sich wie eine Marionette in einer schlechten Komödie. Immer wieder hatte er versucht, seine Gedanken zu ordnen. Aber heute fiel ihm das unendlich schwer. Gerade schüttete er sich ein weiteres Glas des edlen Cognacs ein, als das Telefon klingelte.

„Guten Abend, Heinrich. Ich wollte einmal nachhören, ob Vera sich mittlerweile gemeldet hat oder schon wieder zu Hause ist", erkundigte sich Max mit besorgtem Tonfall.

„Nein. Von Vera hab ich nichts gehört. Aber von ihrem Anwalt. Es scheint ihr allem Anschein nach gut zu gehen", antwortete Heinrich knapp.

„Von ihrem Anwalt? Was ist denn passiert?"

„Nichts weiter. Außer dass deine Cousine sich scheiden lassen will."

„Das tut mir aber leid, Heinrich. Wenn ich irgend etwas für dich tun kann…"

„Nein. Kannst du im Moment nicht. Trotzdem danke", antwortete Heinrich knapp und wünschte Max, der am anderen Ende der Leitung übers ganze Gesicht grinste, noch einen schönen Abend.

7. August – *Rheinstraße 326, Köln*

Kurz nach diesen denkwürdigen Tagen wurde in einer schicken Penthousewohnung in einem der teuersten Kölner Stadtbezirke ein wirklich aufwändiges Dinner vorbereitet. Seit dem frühen Morgen waren zwei Spitzenköche und zahlreiche Hilfskräfte damit beschäftigt, das Menü vorzubreiten, das weitläufige Penthouse auf Hochglanz zu polieren und die rund um die Wohnung verlaufende ausladende Dachterrasse geschmackvoll zu dekorieren.

Die erst vor wenigen Monaten bezugsfertig gewordene Wohnung im 18. Stock war durch die offene und moderne Bauweise mit viel Glas licht durchflutet und bot einen traumhaften Blick über den Rhein bis hinüber zum Kölner Dom. Das moderne Ambiente bot einen reizvollen Kontrast zu den zahllosen wertvollen Antiquitäten, mit denen das geräumige Wohnzimmer und der angrenzende Essbereich eingerichtet worden war. Die große antike Vitrine mit der einzigartigen Sammlung alten Meissner Porzellans bildete den Mittelpunkt in der geräumigen, galerieverglasten Diele.

Langsam ging die Sonne unter und überzog den Dom mit goldener Farbe. Die Kölner Altstadt bildete für diesen Anblick die passende Kulisse. Leise war das Klavierspiel zu hören.

Auf der stimmungsvoll beleuchteten Terrasse perlte der Champagner in zwei Gläsern. Die trotz ihrer 62 Jahre noch sehr attraktive Frau führte das Glas zum Mund und trank genüsslich daraus. „Auf uns, Peter", sagte sie zärtlich zu dem neben ihr stehenden, elegant gekleideten, Mann.

„Auf uns Vera", antwortete er. „Schön, dass du da bist." Leise klirrten die Gläser beim Anstoßen.

Wenig später trafen die wenigen geladenen Gäste ein: Max, Ursula und Jürgen und einen Augenblick später war unüberhörbar auch Christa angekommen. Man versammelte sich auf der Dachterrasse. Gemeinsam stießen alle sechs gut gelaunt an.

Ausgelassen nahm die kleine Gesellschaft dann Platz an dem großen Esstisch und ließ sich die Vorspeise schmecken.

„Nun erzähl doch mal, wie du das hier alles hinbekommen hast, meine liebe Vera", sagte Christa mit vollem Mund. „Ich war ja nun zwei Monate in Urlaub und bin noch gar nicht auf dem Laufenden."

„Ja, das ist eine unglaubliche Geschichte", kicherte Vera und suchte vergeblich nach den passenden Worten. „Ach Max, erzähl du das lieber, ich bin so aufgeregt heute Abend." Max nickte wohlwollend. Er brannte darauf, sich einmal ins rechte Licht setzen zu können und erzählte langatmig und ausführlich, was in der Zwischenzeit vorgefallen war, beziehungsweise, was er, Max, alles hatte passieren lassen. So drückte er sich am Liebsten aus.

Er berichtete davon, dass Vera ja schon längere Zeit die Querelen ihres Ehemannes satt hatte. Wie er sie zum Beispiel vor Monaten einfach auf dem Luxusdampfer ohne ein Wort hatte sitzen lassen, die arme, hilflose Frau. Er erzählte, wie Vera immer häufiger zu ihnen nach Hause kam, um sich auszuheulen über ihre Ehe. Und vor allem stellte er klar, dass Vera ihm so leid getan habe, weil sie ja in den letzten Jahren immer wieder unter ihrem exzentrischen Mann zu leiden gehabt habe und auch er, Max, irgendwann der Meinung war, dass es jetzt an der Zeit gewesen sei, Vera zu retten aus diesem Trauerspiel und Heinrich dabei einen ordentlichen Denkzettel zu verpassen. Und dass es Zeit sei, dass Vera endlich mal ihr eigenes Leben führen müsse, nachdem Anne ja schließlich selbst verheiratet sei und sich ja sowieso nur noch um ihre eigene Familie kümmere.

Max genoss den Zwischenapplaus und prostete der Runde augenzwinkernd und mit roten Wangen zu. Er war glücklich.

Dann fuhr er fort.

Der Gedanke an Heinrichs Pensionierung hätte ja immer wie ein drohender Schatten über Vera gelegen. Als verantwortungsvoller, ja, sozusagen befreundeter Verwandter wollte er, Max, ihr stets zur Seite stehen und sie auf keinen Fall im Stich lassen in diesem so schwierigen Lebensabschnitt.

Immer häufiger habe Vera den Wunsch geäußert, sich von ihrem Mann zu trennen, sogar scheiden zu lassen. Aber sie hatte verständlicher Weise natürlich auch Angst, das auch in die Tat umzusetzen. Heinrich war sehr einflussreich, verfügte über entsprechende Beziehungen und würde sicherlich alles daran setzen, dass seine Frau keinen Heller von dem großen Vermögen sehen würde. Er habe ihr sogar einmal im Streit gedroht, dass er eher alles vernichten würde, als auch nur irgendetwas zu teilen, wenn sie ihn je verlassen würde.

Die Schilderung hatte jetzt den Punkt erreicht, an dem Vera mitfühlende Blicke erntete, wo ihre Hand gefasst wurde und sich die Gläser in ihre Richtung neigten. Und jetzt kam endlich Maximilians großer Auftritt. Er erhob sich und ging, während er sprach, langsam um den Tisch herum. Dann schilderte er ausführlich, penibel und von Anfang an, wie er seinen großen Plan schließlich in die Tat umgesetzt hatte. Von seiner ersten Idee, von der akribischen Planung, davon, wie er die Möbel aus der Villa abtransportieren ließ und mit welch großem Aufwand und wie viel Mühe er die unmoderne Ersatzmöblierung aufgetrieben hatte.

Er legte dar, wie er Vera geraten hatte, die Konten zu plündern, dem Personal rechtzeitig zu kündigen und Anne den Hausschlüssel unter einem Vorwand abzuluchsen. Kein Detail ließ er aus. Den Makler nicht und auch nicht, dass er, Max, es war, der den prominenten Scheidungsanwalt für Vera an Land gezogen hatte.

„Jetzt könntet ihr euch natürlich fragen, warum all diese Mühen", fuhr er nach einem großen Schluck Champagner fort. „Eine gute Frage! Das kann ich euch sagen." Dann berichtete der versammelten Gesellschaft von seinen persönlichen Motiven.

Heinrich sollte einen Eindruck davon bekommen, wie schlecht es vielen Menschen ging, und er wollte ihn auch ein wenig von seinem hohen Ross herunterholen.

Mit einem Blick auf Peter, der schweigend neben Vera saß, fügte er dann noch hinzu: „Und außerdem hat Vera auch das Recht auf ein spätes Liebesglück mit einem attraktiven und bestimmt sehr leistungsfähigen Mann", und prostete den beiden augenzwinkernd zu.

Ursula, die sich extra für den Abend auf ihre Weise versucht hatte, herauszuputzen, war der zweideutige Hinweis ihres Mannes peinlich. Leicht errötet lächelte sie aber dann mit den anderen, als diese auf das Gesagte anstießen. „Tja, das war es eigentlich auch schon. Aber genug von mir. Schaut euch einmal diesen Himmel an. Ist das ein Anblick?" Daraufhin hob man die Tafel kurzerhand vorübergehend auf und trat geschlossen an die riesigen Fenster, um den herrlichen Ausblick zu genießen und Vera offiziell zur neuen Wohnung, ihrem neuen Lebensglück und zu ausdrücklich denen zu beglückwünschen, denen sie all das zu verdanken hatte.

Max strahlte.

Über Veras anfängliche Skrupel und Bedenken und darüber, wie viel Mühe es ihn gekostet hatte, seine Cousine von seinem perfiden Plan zu überzeugen, hatte er natürlich nichts erzählt.

Und auch nichts davon, welch viel teuflischeren Plan er noch ausgeheckt hatte und demnächst in Tat umzusetzen gedachte.

Der allerdings blieb vorerst sein Geheimnis.

Christa hatte, während sie den Hauptgang in sich hinschaufelte, neugierig zugehört und war begeistert. Ihr gefiel, was sie da hörte. Endlich hatte Heinrich, der ihr gegenüber nie sehr freundlich, nein, sogar immer überheblich und arrogant gewesen war, sein Fett wegbekommen.

Die Stimmung war ausgelassen und beschwingt. Vera genoss die fröhliche Atmosphäre in ihrem neuen Zuhause. Genauso hatte sie sich in ihren Träumen ein unbeschwertes Leben immer vorgestellt. Endlich konnte sie tun und lassen was sie wollte. Es war schließlich ihr gutes Recht. An der Seite des wesentlich jüngeren Mannes würde sie noch einmal die ganze Welt bereisen und jede Stunde ihres Lebens in vollen Zügen genießen.

Und als ob sie sich selbst zuprosten wollte, trank sie ein wenig zu schnell bereits das nächste Glas Wein.

Nach dem Essen nahmen alle auf der Dachterrasse einen Espresso zu sich. Max war immer noch sehr zufrieden mit sich und sonnte sich weiter in der Anerkennung, die man ihm heute Abend entgegen brachte. Ursula, die von den grausamen Plänen ihres Mannes nichts ahnen konnte und auch nicht wusste, wie weit ihr Sohn Jürgen darin eine Rolle spielte, war froh, dass der Abend endlich zuende ging. Trotzdem war sie heute eigentlich ganz schön stolz auf ihren schlauen und entschlossenen Mann.

„Sag mal Vera, wie bist du eigentlich an diese Wohnung hier gekommen? In der Zeitung war doch zu lesen, dass bereits bei Baubeginn alle Einheiten verkauft worden waren?", fragte Christa, erhielt jedoch keine Antwort, weil gerade in diesem Moment der bestellte Musiker wieder auf dem weißen Flügel, der ehemals im van Reegh'schen Musikzimmer gestanden hatte, anfing zu spielen.

Früher hatte Vera viel und gern Klavier gespielt. Auch manchmal, wenn sie allein im Haus gewesen war, hatte sie immer wieder Zerstreuung in der Musik gefunden. Seit vielen Jahren spielte sie eigentlich immer die gleichen Stücke. Leise summte sie die Melodie von „Spanish Eyes" mit, die gerade zu hören war.

„Vera, warum spielst du uns nicht was vor?", fragte Max ausgelassen.

„Gute Idee", stimmte Peter zu. „Ich habe dich noch nie spielen gehört."

„Na gut, das eine oder andere krieg ich wohl noch hin", meinte Vera und wechselte mit dem Musiker den Platz. Etwas fahrig blätterte sie in den entsprechenden Noten herum und beschloss dann kurzerhand, einige der Stücke zu spielen, die sie seit Jahren aus dem Gedächtnis spielte. Nach mehreren Mißtönen und Fehlgriffen brach sie dann aber das Spiel ab und entschuldigte sich lachend damit, dass sie wohl etwas zuviel Wein getrunken habe.

Kurz vor Mitternacht verabschiedeten sich ihre Gäste.

Nur Peter blieb über Nacht bei ihr.

8. August – *Rheinstraße 326, Köln*

Am nächsten Morgen war auf der Dachterrasse des Penthouses der Frühstückstisch gedeckt. Vera und Peter genossen ihr neues Leben.

„Magst du mir jetzt vielleicht etwas auf deinem Flügel vorspielen? Ich würde mich sehr darüber freuen", fragte sie Peter.

Vera kam seiner Bitte gerne nach. Doch als sie vor der Tastatur saß, wollten ihr die Akkorde partout nicht einfallen. Dabei war die entsprechende Melodie doch ganz klar in ihrem Kopf! Das war nicht das erste Mal, dass ihr gewohnte Dinge nicht mehr einfielen. Was war denn los mit ihr? ′Ich muss dringend meinen Champagnerkonsum einschränken`, dachte sie und entschuldigte sich bei Peter mit einer lapidaren Ausrede.

Als sie am Nachmittag in der Tiefgarage in ihren Wagen steigen wollte, stellte sie fest, dass sie den Schlüssel schon wieder nicht dabei hatte. Auf dem Weg zum Fahrstuhl wurde sie von einem sportlichen Mann mittleren Alters freundlich begrüßt. „Guten Tag gnädige Frau, ich hoffe, Sie haben sich schon gut eingelebt in Ihrem wunderschönen Domizil?"

„Aber ja, Herr Friedrichshagen, ich weiß ja schließlich, wer es geplant und gebaut hat", lachte sie und fügte hinzu: „Ich bin Ihnen wirklich sehr dankbar, dass sie bei den vielen Interessenten doch an mich verkauft haben."

„Gern geschehen. Die van Reeghs und ich haben immer schon gute Geschäfte miteinander gemacht. Da war der Verkauf an sie ja fast schon eine Tradition! Einen schönen Tag noch!"

11. August – *Kanzlei Wagner, Köln*

Rechtsanwalt Wagner blickte von einer dicken Akte auf, als sein Besucher angemeldet wurde. Er sah in ein grimmiges Gesicht und wappnete sich innerlich gegen die nun garantiert folgende Schimpfkanonade. Heinrich ließ sich jedoch wortlos in den Sessel vor seinem Schreibtisch fallen.

„Schön, Herr van Reegh, dass sie so kurzfristig Zeit gefunden haben. Herr Arentz, der Anwalt Ihrer Frau, hat bereits geantwortet und uns einen sehr engen Termin gesetzt, was die Unterhaltszahlungen angeht. Wie sie sicher in dem Schriftsatz gelesen haben, den ich ihnen habe zukommen lassen, droht er anderenfalls mit Klage."

„Soll er doch klagen, von mir sieht Vera kein Geld!"

„Herr van Reegh! Davon kann ich ihnen nur abraten. Ihrer Frau steht Unterhalt zu. Sie sollten sich dringend mit ihr auf eine Zahlung einigen. Bei einer Klage müssten sie alles offen legen. Es könnte dann passieren, dass sie noch mehr zahlen müssen, als Ihre Frau heute fordert."

Sie gingen das Schreiben von Veras Anwalt durch und legten die weitere Vorgehensweise fest. Veras Anwalt hatte es kategorisch abgelehnt, das Bargeld, das sie von den Konten abgehoben hatte, auf den Unterhalt anrechnen zu lassen. Weiterhin fordere seine Mandantin die sofortige Aufnahme von Unterhaltszahlungen, unabhängig davon, wie es um ihre finanzielle Situation zur Zeit bestellt sei. Vera vertrat die Auffassung, dass ihr die Hälfte des gemeinsamen Vermögens zustehe und der Betrag, den sie abgehoben hätte, nur ein Bruchteil hiervon sei. Von Seiten Heinrichs bestehe keinerlei Grund, die Überziehungszinsen in Abzug zu bringen; er bräuchte ja nur einen Ausgleich von seinen Konten in der Schweiz und Liechtenstein durchzuführen.

„Haben sie wirklich Konten im Ausland?"

„Ja", antwortete Heinrich knapp.

„Herr van Reegh, sie wissen sicherlich, dass es sich dabei gegebenenfalls um Steuerhinterziehung handeln könnte. Ein Grund mehr, eine Klage zu vermeiden. Und ich kann ihnen als ihr Anwalt nur raten, das schnellstens in Ordnung zu bringen. Wenn ihre Frau nicht zu ihnen zurückkehrt, kann sie nach einem Jahr die Scheidung verlangen. Dann müssen sie ihre Konten offen legen, da ihrer Frau tatsächlich die Hälfte des innerhalb der Ehezeit erworbenen Vermögens zusteht."

Heinrich kam noch einmal auf den Auftritt des Maklers vor seinem Haus zu sprechen. Herr Arentz hatte mit keiner Silbe erwähnt, dass Vera bereits einen Makler beauftragt hatte und beabsichtigte, das Anwesen zu verkaufen. Wie sollte man sich dahingehend verhalten?

„Haben sie sich Namen und Anschrift des Maklers geben lassen?"

„Nein, ich war außer mir in diesem Moment", erklärte Heinrich zerknirscht. Dass ausgerechnet ihm ein solcher Fehler unterlaufen war, ihm, der sonst immer großen Wert auf solche Dinge legte.

„Damit hätten wir Einblick in den Auftrag nehmen können. Aber das ist jetzt nicht zu ändern", fuhr der Anwalt fort.

„Wir sollten unsererseits in dieser Angelegenheit nicht nachfragen. Ich halte es für taktisch sinnvoller, keine schlafenden Hunde zu wecken. Tatsache ist, ihre Frau kann das Haus nicht ohne ihre Zustimmung veräußern, da sie gemeinsame Eigentümer sind und sie kann die Teilung des Zugewinns nur bei einer Scheidung verlangen. Sie haben also noch fast ein Jahr Zeit zu entscheiden, wie sie hinsichtlich des Hauses verfahren wollen. Sie könnten ihre Frau ja auch auszahlen."

„Und ihr noch mehr Geld in den Rachen werfen? Kommt überhaupt nicht in Frage!"

Zum weiteren Vorgehen einigten sie sich dahingehend, dass der Anwalt eine Einkommensschätzung in

Zusammenarbeit mit Heinrichs Buchhaltung und Steuerberater vornehmen und als Gegenvorschlag dem Kollegen unterbreiten würde. Er würde auch – nachdem Heinrich nach langem Zögern zugestimmt hatte – ein persönliches Gespräch zwischen Heinrich und Vera vorschlagen. Den Verkauf des Hauses würde er nicht erwähnen.

Auf dem Heimweg spielte Heinrich van Reegh mit dem Gedanken, alles hinzuschmeißen. Er war jetzt 64 Jahre. Warum nicht Firma und Villa verkaufen und in das Haus am Chiemsee ziehen? Er hatte sich seinen Ruhestand zwar völlig anders vorgestellt, aber jetzt kamen ihm aufgrund der Ereignisse der letzten Wochen doch erhebliche Zweifel an Sinn und Durchführbarkeit seiner Pläne.

Bisher wollte er, dass der Betrieb durch seinen Geschäftsführer weitergeführt wurde, denn ein Teil seiner Altersvorsorge war auf den zukünftigen Gewinnen der Firma aufgebaut. Wenn er allerdings daran dachte, dass er davon Vera später die Hälfte als Unterhalt zahlen musste, fragte er sich: warum?

15. August – van Reegh'sche Villa, Köln

Heinrich brütete über einem Stapel Unterlagen, die er am nächsten Tag mit seinem Geschäftsführer durchgehen wollte. Es fiel ihm nicht leicht, die Firma, die er allein über Jahrzehnte aufgebaut hatte, in andere Hände zu geben.

Im Moment überforderte ihn die bestehende Situation,

dieser gravierende Einschnitt in seinem Leben. Allein die Tatsache, dass er sich entschlossen hatte, sich zur Ruhe zu setzen, war schon nicht so ganz einfach gewesen. Jedoch hatte sein Arzt nach einer Untersuchung vor 2 Jahren darauf hingewiesen, dass er sich dringend überlegen sollte, endlich kürzer zu treten. Seine Gesundheit sei angeschlagen und er könne es sich doch durchaus leisten, früher in den Ruhestand zu wechseln, als ein kleiner Arbeitnehmer, hatte der Arzt damals gemeint.

Tja. Und jetzt war es allmählich soweit. Der große Augenblick war zum Greifen nah. Und gleichzeitig geriet sein bisheriges Leben total aus den Fugen. Er fühlte sich wie ein großer alter Baum, der im Sturm heftig hin- und hergeschüttelt wurde und hatte das Gefühl, dass er diesem Druck auf Dauer kaum gewachsen war.

Einerseits störte ihn Anne, die kam, um nach ihm zu sehen, andererseits war er froh über die Unterbrechung. Anne wollte natürlich wissen, wie sein Gespräch mit dem Anwalt verlaufen war. Heinrich fasste die Stand der Dinge kurz zusammen. Dann versicherte er: „Das Haus wird aber auf keinen Fall verkauft. Nur über meine Leiche, darauf kannst du dich verlassen."

Anne war immer noch wie vor den Kopf geschlagen. Sollte ihre Mutter zu all dem fähig sein, was in den letzten zwei Wochen passiert war? Was sollte aus Ihrem Vater werden? Ihre Mutter konnte doch nicht wollen, dass er moralisch und finanziell so mies behandelt wurde. Bis vor wenigen Tagen war ihr Leben noch in geordneten Bahnen verlaufen. Und jetzt?

15. August – Zarenweg 9, Köln

An diesem Abend saßen Anne und Harald zum ersten Mal seit langem wieder ungestört im Wohnzimmer auf der Couch. Anne war immer noch außer sich vor Wut auf ihre Mutter und die Ereignisse, die sich gerade zu überschlagen schienen. Wütend war sie auch auf ihre eigene Hilf- beziehungsweise Machtlosigkeit die ihr jeden Tag deutlich vor Augen geführt wurde. Sie erzählte ihrem Mann hiervon und auch von Vaters Besuch beim Anwalt.

Harald sah die Sache pragmatischer: „Deine Mutter hätte sicherlich den ganzen Aufwand mit Auszug bei Nacht und Nebel, die Mitnahme und den Austausch der Möbel, die Plünderung der Konten und das Geheimnis um ihren Aufenthaltsort nicht inszeniert, wenn sie wieder zu deinem Vater zurück wollte. Damit dürfte wohl klar sein, dass sie nach dem Trennungsjahr die Scheidung verlangt und dann muss der Zugewinn – und dazu gehört leider auch die Villa – geteilt werden. Der Gedanke, den Verkauf jetzt schon anzuleiern, ist aus ihrer Sicht gar nicht so dumm. Ein Anwesen, dass mehrere Millionen wert ist, verkauft sich nämlich nicht von heute auf morgen."

„Nimmst du meine Mutter jetzt auch noch in Schutz?"

„Nein! Ich bin genauso erschüttert wie du. Aber wenn man ihre Motive und Handlungsweise erkennt und versteht, können wir besser reagieren."

„Und was will sie? Meinen Vater ruinieren?"

„Erstens den ihr zustehenden Unterhalt. Das dürfte

deinem Vater nicht allzu schwer fallen. Sie hatte doch immer ein großzügiges Konto. Zweitens will sie die Hälfte des Wertes der Villa. Das muss aber nicht zwangsläufig Verkauf heißen. Und dann ist da noch etwas sehr Wichtiges."

„Und was?"

„Gegen alles das kann sich niemand stellen. So, wie Vera es gerade angeht, ist das Gesetz auf ihrer Seite. Mit anderen Worten gibt es nichts, was wir dagegen tun können. Also hat es auch keinen Zweck, sich über diese Machtlosigkeit und Hilflosigkeit aufzuregen. Diese Energie sollten wir lieber in deinen Vater stecken und sehen, wo wir ihm sozusagen moralisch und emotional eine Hilfe sein können."

„Harald?"

„Ja?"

„Ich liebe dich."

„Und ich dich, mein Schatz. Komm. Wir sehen noch einmal nach Marie!"

21. August – *Zarenweg 9, Köln*

Anne hatte ihren Vater zum Abendessen eingeladen. Solange die kleine Marie in ihrem Kinderstuhl mit am Tisch saß, war er durch seine Enkelin abgelenkt. Aber nachdem Anne ihre Tochter zu Bett gebracht hatte, widmete man sich ernsteren Dingen.

Heinrich wiederholte nochmals Veras Forderungen, die sie über ihren Anwalt hatte übermitteln lassen, insbesondere auch die Episode mit dem Makler, den

Vera beauftragt hatte. Er wusste, dass Vera Anspruch auf Trennungsunterhalt hatte und zwar in einer Höhe, der ihr den bisherigen Lebensstandard sicherte. Heinrich wollte das zwar immer noch nicht einsehen, kam aber langsam zu der Einsicht, dass sich die entsprechenden Zahlungen nicht vermeiden lassen würden. Die Höhe der Forderung hielt er allerdings für völlig überzogen. Er sah keinerlei eigene Schuld für Veras Auszug. Sie brauchte ja nur zu ihm zurück zu kommen, dann würden sich alle Zahlungen und Verkäufe von selbst erledigen. Dass er damit allerdings keinesfalls rechnete, verstand sich von selbst.

Er hatte sein Leben lang hart gearbeitet, um seiner Familie diesen Lebensstandard bieten zu können. Und er hatte rechtzeitig vorgesorgt, um auch nach seinem Rückzug aus dem aktiven Geschäftsleben diesen Standard für Vera und sich halten zu können. Das würde er sich nicht kaputt machen lassen. Vor allem einem Hausverkauf würde er niemals zustimmen.

Harald kam trotzdem noch einmal auf mögliche Alternativen zu sprechen. Denn eines war vollkommen klar: würde Vera nicht innerhalb des nächsten Jahres zu Heinrich zurückkehren, könnte sie die Scheidung beantragen und dann würde der Zugewinn, der in der Ehezeit entstanden war, geteilt. Dazu war wichtig zu wissen, was bereits vor der Ehe vorhanden gewesen war.

„Vera hatte nur ein paar persönliche Dinge, die sie mit in die Ehe gebracht hat. Die Andenken an ihre verstorbene Mutter hat sie beim Räumen des Hauses schon mitgenommen. Mein Elternhaus, in dem auch die Firma ihren Sitz hat, gehörte mir schon vorher. Durch den Umbau des Hauses zu Büro- und Verwaltungsräumen, ist das heute aber alles Firmenvermögen. Mit anderen Worten: alles was wir heute besitzen, ist während unserer Ehe hinzugekommen."

„Das bedeutet, es muss auf jeden Fall das gesamte Privatvermögen geteilt werden, also auch der Wert Eures Anwesens. Das heißt aber nicht in jedem Fall Verkauf. Wenn du Vera zum Beispiel auszahlen könntest, bliebe dir die Villa erhalten", gab Harald zu bedenken.

Die Drei kamen überein, dass dieser Aspekt so bald wie möglich mit dem Anwalt erörtert werden sollte. Harald regte noch an, ein Wertgutachten erstellen zu lassen, damit Heinrich ungefähr wüsste, wie viel er gegebenenfalls an Vera zahlen müsste.

Dann vertagten sie dieses bedrückende Thema, machten sich eine Flasche Wein auf und begaben sich ins Wohnzimmer. Sie versuchten, sich etwas zu entspannen und gingen zum wesentlich angenehmeren familiären Plauderton über.

Heinrich erzählte den beiden, wie einsam er sich mittlerweile in dem für ihn allein viel zu großen Haus fühlte. Zumal ja auch die Wohnung von Martha ebenfalls seit Langem leer stand.

Im Verlauf des Gesprächs entstand allmählich die Überlegung, dass Anne mit ihrer Familie zu ihm ziehen könne. Damit wäre er auch im Alter nicht ganz allein, und, obwohl jeder seinen eigenen Bereich bewohnen würde, wäre man doch näher zusammen und wenn nötig auch zur Stelle, wenn Hilfe erforderlich würde.

„Das würde allerdings bedeuten", gab Anne zu bedenken, „dass es dann mit deiner Ruhe vorbei wäre, wenn Marie tagtäglich um dich herumtobt."

Bei dieser Vorstellung musste Heinrich zum ersten Mal seit Wochen schmunzeln. „Damit könnte ich leben. Und ich muss zugeben, dass tobende Kinder eine Alternative sind, an die ich noch gar nicht gedacht habe und die mir sehr gut gefällt."

Alle lachten.

Später, auf der Heimfahrt, hatte Heinrich zum ersten Mal, seit er aus Meran zurückgekehrt war, das Gefühl, dass sein Leben vielleicht doch wieder in geordnete Bahnen zurückfinden könnte.

1. September – *van Reegh'sche Villa, Köln*

Heinrich bog in die ruhige Vorortstraße ein. Von den Häusern links und rechts sah man nichts, sie versteckten sich hinter hohen Mauern und Hecken und lagen in weitläufigen Parks. Vor dem Tor zu seinem Anwesen stand ein Auto und ein Mann ging davor auf und ab. Beim Näherkommen erkannte er Maximilian, Veras Cousin. Er ließ die Seitenscheibe herunter und sprach ihn an: „Veras Geburtstag steht vor der Tür. Wolltest du sie besuchen, um zu hören, ob wir ihn in diesem Jahr wieder mit einem großen Fest feiern?"

„Ach! Ist Vera wieder da? Die letzte Information, die ich habe, ist unser letztes Telefonat."

„Nein, Vera ist nicht wieder da. Ich habe aber von ihr

gehört". Max schaute ihn fragend an. „Entschuldige meine barsche Begrüßung. Komm doch mit rein", fügte Heinrich versöhnlicher hinzu.

Max folgte Heinrich gespannt ins Haus. Er war zwar maßgeblich an der Organisation, Vorbereitung und Durchführung von Veras Auszug beteiligt gewesen, hatte aber beim Umzug selbst nicht mitgeholfen. Er hatte angegeben, sich schonen zu müssen – sein Herz. In Wahrheit wollte er lieber im Hintergrund bleiben, um zu verhindern, dass ihn irgendjemand direkt mit der Hausräumung in Verbindung brachte. Er kannte die jetzige Einrichtung der Villa nur von den Fotos, die Vera und Peter gemacht hatten. Er war beeindruckt. So trostlos hatte er sich das Haus gar nicht vorgestellt.

Heinrich, der Max beobachtete, glaubte echte Anteilnahme zu erkennen. Er führte Max in sein Arbeitszimmer und goss für beide einen Cognac ein. Nachdem sie es sich bequem gemacht hatten, sprudelte es aus Heinrich heraus. Er erzählte vom Zustand des Hauses und des restlichen Anwesens, seiner erfolglosen Suche nach Vera, den Anwaltsschreiben und dem Besuch des Maklers mit den Kaufinteressenten.

Max, der die Fakten natürlich alle kannte, hörte trotzdem interessiert zu, denn es war immer gut, die Meinung der Gegenseite zu kennen, wenn er Vera effizient beraten und vor allem seinen eigenen Vorteil sichern wollte.

„Das tut mir leid Heinrich, das muss ja furchtbar für dich sein", heuchelte er. „Ich verstehe gar nicht, was in Vera gefahren ist. Hatte sie denn einen Grund zu solch drastischen Maßnahmen?"

„Was meinst du damit? Dass ich fremd gegangen bin, sie geschlagen oder misshandelt hätte? Da muss ich dich enttäuschen. Sie hatte hier doch alles, was sie wollte. Geld, ein Zuhause, das sie erst vor Kurzem nach ihren Wünschen umgestaltet hat und einen großen Freundes- und Bekanntenkreis. Und dann zu behaupten, das Leben mit mir sei unerträglich, nur weil ich lange und schwer arbeite und deswegen manchmal gereizt bin... Veras ganzes Wesen hat sich verändert. Das geht schon länger so. Wenn ich nur daran denke, wie oft sie das Haus hat umbauen lassen, wie übertrieben jugendlich sie sich mittlerweile zurecht macht und vor allem in welchem Umfeld sie sich bewegt. Auch, wenn diese Leute, genau wie wir, sehr wohlhabend sind. Durchgeknallte Typen aus der Musik- oder Filmbranche... Und die Weiber haben sich allesamt irgendeinen alten, steinreichen Produzenten geangelt." Heinrich hielt einen Moment inne. „Warum kommt sie nicht einfach zurück? Keine Unterhaltsforderungen, kein Hausverkauf, keine Anwälte. Sie soll sagen, was sie dafür haben will, sie kriegt es."

„Zu euren Eheproblemen kann ich nichts sagen. Als Ehemann – und ich bin selbst seit über dreißig Jahren verheiratet – kann ich dir nur raten, Vera gegenüber zunächst einmal Kompromissbereitschaft zu zeigen. Wenn du ihr jetzt den Unterhalt verweigerst, wie soll sie dir dann glauben, wenn du sagst, komm zurück, ich gehe auch auf alle Bedingungen ein. Sieh´ es doch einmal so." Genießerisch hob er den Cognacschwenker ins Licht und nahm dann einen kleinen Schluck. „Was sagt eigentlich Anne zu alledem? Sie steht dir doch sicherlich zur Seite.

Sie und ihr Mann, oder?", fragte er hinterlistig.

„Ja, die beiden sind mir eine große Hilfe und Stütze. Ich bin froh, dass wir ein so gutes Verhältnis haben. Und die kleine Marie lenkt mich ab und zu von meinen Sorgen ab."

„Das ist ja schön", log Max und hatte bei dem, was Heinrich ihm dann erzählte, so seine Probleme, die Fassung nicht zu verlieren.

„Ja, das ist es. Und damit ich nicht so allein hier im Haus bin, überlegen wir gerade, ob es nicht das Beste wäre, wenn die kleine Familie hier einzieht."

Max war froh, dass Heinrich ihn anschließend über das gesamte Anwesen führte. Es fiel ihm nicht schwer, sich schockiert zu zeigen, denn die Tatsache, dass Anne hier einziehen wollte, machte einige sehr schnelle Planänderungen unumgänglich. Ansonsten war er aber innerlich hoch zufrieden damit, mit welcher Umsicht und Konsequenz Vera und Peter seine Strategien bislang in die Tat umgesetzt hatten.

Am Tor verabschiedete er sich und bot Heinrich seine Hilfe und Unterstützung an, auch wenn es um eine Vermittlung bei Vera ginge. Rasch fügte er noch hinzu, dass er dazu natürlich zuerst ihren Aufenthaltsort wissen müsse, denn er glaubte für einen Moment, in Heinrichs Blick sei ein gewisses Misstrauen aufgeflackert. Und dass sie unter den gegebenen Umständen endlich ein besseres Verhältnis zueinander aufbauen sollten. Schließlich seien sie doch miteinander verwandt. Und da müsse doch einer für den anderen da sein.

Heinrich, der ansonsten eher rational dachte und handelte, war durch die Vorfälle der vergangenen Tage emotional sehr angeschlagen. Einen Freund konnte er in dieser Situation wirklich brauchen. Und so fielen Maximilians Worte auf fruchtbaren Boden.

Später ließ Max das Gespräch mit Heinrich noch einmal Revue passieren. Alles in allem war es besser gelaufen, als er erwartet hätte. Beim Gespräch über den Unterhalt allerdings hätte er sich zweimal fast verplappert und preisgegeben, dass er mehr wusste als er hätte wissen können. Er musste wirklich noch besser aufpassen! Nur der enge Kontakt mit Anne und die Planung zusammen zu ziehen, behagte ihm gar nicht. Bei zukünftigen Gesprächen mit Heinrich musste er noch mehr auf der Hut sein, damit er auch in diese Richtung erfolgreich intrigieren konnte.

7. September – *Rheinstraße 326, Köln*

Vera hielt das Schreiben ihres Anwaltes mit der Kopie des Schriftsatzes der Gegenseite in der Hand. Die Unterlagen, die Auskunft über Heinrichs Einkommen geben sollten, lagen ausgebreitet auf dem großen Tisch im Esszimmer ihres Penthouses.

„Das sind ja nur die Einkünfte aus der Firma, da fehlen aber sämtliche Zinsen, andere Erträge und Dividenden - und kein Wort über die Konten im Ausland."

Max versuchte, sie zu beruhigen, aber Vera schimpfte weiter:

„Und was der alles von den Einkünften abziehen

will. Zum Glück hat mein Anwalt schon alles markiert, worauf ich mich nicht einlassen muss."

„Vera, ich habe mit Heinrich gesprochen. Ich glaube, er ist in gewissem Rahmen gesprächsbereit. Du solltest ihm über deinen Anwalt mitteilen lassen, dass du dich an einem neutralen Ort mit ihm treffen willst. Dann nennst du ihm eine Zahl, die unter deinen Forderungen aber über seinem Angebot liegt. Damit ersparst du dir einen langen Rechtsstreit und siehst sofort Geld. Rückwirkend ab dem Tag des Auszugs! Dann gehen wir sofort an die Berechnung des Unterhaltes, der ab dem Tag fällig wird, an dem sich Heinrich zur Ruhe setzt und da rechnen wir dann alle sonstigen Einkünfte ein."

„Und was ist mit dem Hausverkauf?"

„Langsam. Eins nach dem anderen. Wir sollten ihn erst einmal weiterhin auf kleiner Flamme weich kochen. Wir dürfen auch nicht zu lange warten, denn Heinrich hat mir erzählt, dass er mittlerweile ein sehr enges Verhältnis zu Anne und Harald hat. Und dass die Überlegung im Raum steht, dass sie bei Heinrich einziehen würden. Quasi, um ihm zur Seite zu stehen und damit er nicht allein ist in der großen Villa."

„Was soll das denn? Will er jetzt auf einmal auf heile Familie machen, oder wollen sie mir damit eins reinwürgen?", brauste Vera auf.

Max beruhigte sie. „Du kannst dich ganz auf mich verlassen. Ich habe alles im Griff", fügte er hinzu und war mit sich selbst sehr zufrieden.

Er war sich sicher: er würde eine Möglichkeit finden, Annes Einzug in die Villa zu verhindern, wenn er auch zu diesem Zeitpunkt noch nicht so genau wusste, wie. Es war nur äußerst wichtig, stets über die Vorhaben von Heinrich und Anne informiert zu sein.

Dann machte Max seiner Cousine deutlich, dass sie während des Trennungsjahres keinen Anspruch auf Teile des Vermögens hätte. Sie bräuchte auf jeden Fall Heinrichs Zustimmung. Erst nach dem Trennungsjahr könnte sie im Rahmen eines Scheidungsverfahrens die Hälfte des Zugewinns für sich beanspruchen.

Irgendwie konnte Vera dem Gespräch nicht richtig folgen. Die vergangenen Wochen mit den Vorbereitungen und der Durchführung des Plans hatten sie sehr angestrengt. Die Tatsache, dass der Mann an ihrer Seite wesentlich jünger war, erforderte überdies auch eine entsprechende Kondition. Zudem musste sie auch immer gut aussehen, was ihr nicht mehr so leicht fiel in der letzten Zeit.

„Was soll ich denn jetzt machen?", fragte sie Max erneut. „Ich bin so zerstreut. Ich muss mir dringend in der Apotheke mal was zur geistigen und körperlichen Stärkung besorgen."

„Tja, ist wohl ganz schön anstrengend mit so einem jungen Mann, was?", fragte Max anzüglich. „Ich würde dir vorschlagen, wie folgt vorzugehen: Erstens triff dich mit Heinrich und einige dich auf einen Unterhalt. Dann melde dich bei Anne und versuche, mit ihr ins Gespräch zu kommen. Erläutere ihr, was dich bewogen hat, auszuziehen. Lass aber unbedingt Peter, Jürgen und mich aus dem Spiel. Du lebst allein, um Abstand zu gewinnen. Schildere aber die Eheprobleme so, dass Heinrich alle Schuld trägt. Das weckt Annes Verständnis für dein Verhalten."

Zum Schluss schob er noch einmal nach: „Und von wegen, dass Anne sich jetzt ins gemachte Nest setzen will. Das solltest du ihr ausreden. Erklär´ ihr ausführlich, worauf sie sich einlässt. Und vielleicht bringst du noch eine Bemerkung an, dass ihr Vater sie nur benutzen will und nur zu seinem eigenen Besten handelt. Ohne Rücksicht auf sie und ihre Familie."

Er war sich nicht sicher, ob Vera ihm wirklich folgen konnte. Er hatte den Eindruck, dass sie in der letzten Zeit immer häufiger unkonzentriert und mit ihren Gedanken woanders war.

„Na, umso besser", dachte er. „Das erleichtert mir vieles."

Vera saß allein in ihrem Wohnzimmer, nachdem sich Max verabschiedet hatte. Sie versuchte, das Gespräch in Gedanken noch einmal durchzugehen. Was, hatte Max gesagt, sollte sie machen? Was war denn los mit ihr? Gott sei Dank hatte sie sich ein paar Notizen gemacht.

Sie wollte sich jetzt erst einmal irgendein Aufbaupräparat und ein paar Vitamine besorgen. ´Es war halt doch alles ein wenig zuviel`, dachte sie auf dem kurzen Fußweg zur Apotheke. Sie musste einen Moment warten. Als die Apothekerin sie nach ihren Wünschen fragte, konnte Vera ihr spontan keine Antwort geben. „Ich war mit meinen Gedanken ganz woanders", lachte sie, um von der peinlichen Situation abzulenken. „Ach, ja richtig, ich bräuchte ein Vitaminpräparat und etwas gegen Vergesslichkeit", spaßte sie.

Nach ausführlicher Beratung verstaute Vera verschiedene Anti-Aging-Mittel und Präparate, die sehr gut gegen Vergesslichkeit helfen sollten, in ihrer Einkaufstasche. Zusätzlich hatte sie noch jede Menge Informationsbroschüren über Produkte eingesteckt, die einem vorzeitigen Abbau der geistigen Leistungsfähigkeit vorbeugen sollten. Zuhause angekommen stellte sie die Tasche mit den Einkäufen ab und zog sich um.

Am nächsten Morgen wunderte sie sich über die Tasche, die in der Diele stand. Erst nach und nach fiel ihr wieder ein, dass sie gestern ja einkaufen gegangen war. Jetzt wurde es wirklich langsam Zeit, die Mittel endlich einzunehmen!

Beim Frühstück wunderte sich Peter, als Vera mehrere Brausetabletten auflöste. „Bist du krank?", fragte er besorgt.

„Nein, nein, mein Schatz, ich will nur etwas für meine Gesundheit tun."

„Und wozu löst du das ganze Zeug auf?"

„Ich konnte noch nie Tabletten schlucken. Gott sei Dank gibt´s ja heute alles auch flüssig."

9. September – *van Reegh'sche Villa, Köln*

Konzentriert saß Heinrich über dem Antwortschreiben von Veras Anwalt: Die zur Verfügung gestellten Unterlagen seien bei weitem nicht vollständig und würden zur Berechnung des Unterhaltes nicht ausreichen. Vera würde ihre Forderung weiterhin aufrecht halten, sei aber jederzeit auch zu einem persönlichen Gespräch bereit.

Heinrich lachte laut auf, als er diesen Satz las. ʹIch weiß ja noch nicht mal, wo sie steckt, wie soll ich dann ein persönliches Gespräch mit ihr führen, Herr Anwalt?ʹ

Kurz darauf jedoch ließ Vera Datum und Uhrzeit für ein Treffen in einem noblen Café am Dom mitteilen. Sie bestand auf jeden Fall auf einem Gespräch unter vier Augen.

11. September – *Café am Dom, Köln*

Heinrich saß bereits deutlich vor der verabredeten Zeit im Café. Er hatte schon den zweiten Cognac bestellt, als er Vera zur Tür hereinkommen sah. Sie sah wie immer phantastisch aus und er spürte einen kleinen, aber heftigen Stich in seiner Brust. Er liebte sie immer noch.

Vera hatte ihn nicht gleich gesehen und lief ein wenig unsicher durch den großen Raum. Deshalb ging Heinrich ihr entgegen, begrüßte sie freundlich und führte sie zu ihrem Tisch.

„Du siehst gut aus", begann er unsicher die Unterhaltung.

„Es geht mir ja auch gut", antwortete Vera, und schaute ihren Noch-Ehemann lächelnd an.

Nachdem verschiedene Belanglosigkeiten ausgetauscht waren, kamen sie zum eigentlichen Grund ihres Treffens.

Hatte Heinrich aber auch nur für einen Augenblick geglaubt, dass sie doch noch einmal zurückkommen könnten, so verflog diese Hoffnung, als Vera ihm mitteilte, dass eine Rückkehr vollkommen ausgeschlossen sei. Sie gab ihm aber auch zu verstehen, dass sie durchaus an einer friedlichen Lösung interessiert wäre und auf keinen Fall im Streit auseinander gehen wollte.

Auf Heinrichs Frage, warum sie das alles so inszeniert habe, gab sie ihm keine Antwort, sondern lenkte seine Aufmerksamkeit auf den Dom, der im Sonnenlicht des späten Nachmittags glänzte, wie Gold.

„Wie geht es Anne und der kleinen Marie?", wollte sie plötzlich wissen.

„Die Kleine macht sich gut. Sie ist sehr aufgeweckt. Ich freue mich immer, wenn ich sie sehe", schwärmte Heinrich. „Sie macht wirklich viel Freude. Ich könnte mir gut vorstellen, dass Anne mit ihrer Familie in die Villa zieht. Was soll ich auch alleine in dem großen Haus?"

„Ich glaube kaum, dass das eine gute Idee ist. Du mit einer jungen Familie unter einem Dach? Und dann mit Anne. Die ist doch nun wirklich schwierig genug im Umgang. Erinnerst du dich nicht mehr, welche Probleme wir immer mit ihr hatten?"

„Ich hatte keine Probleme mit ihr", antwortete Heinrich.

„Ja, weil du nie da warst. Aber wie hat sie sich denn zum Beispiel benommen, wenn ihr irgendwelche Leute nicht gepasst haben, die zu uns zu Besuch kamen?"

„Diese Leute kamen zu dir, nicht zu mir"

„Jetzt geht das wieder los. Daran siehst du doch schon, wie viel Zündstoff das Thema Anne bietet. Und außerdem den ganzen Tag ein Kleinkind um dich herum, wo du doch deine Ruhe so liebst. Und wer sagt dir, dass da nicht noch mehr Kinder kommen? Nachher hast du in deinem eigenen Haus nichts mehr zu sagen. Das würde ich mir an deiner Stelle sehr genau überlegen." Nach einer kurzen Pause fügte sie hinzu: „Und außerdem wollen wir das Haus doch verkaufen."

„Wieso wir? Du willst das Haus verkaufen. Ich nicht."

Vera legte Heinrich versöhnlich ihre Hand auf die seine. „Wer weiß? Vielleicht finden wir ja ohne den Ballast der Vergangenheit doch wieder zusammen. Mit Anne und ihrer ganzen Familie unter einem Dach aber bestimmt nicht."

Heinrich war irritiert. Hatte sie nicht eben noch gesagt, sie wolle auf keinen Fall zurückkommen? Und jetzt das. „Was meinst du damit?"

„Hab doch Geduld. Nur, weil wir nicht so weitermachen, wie bisher, heißt das doch nicht, dass wir keine guten Freunde sein können."

Dieser kleine Funken Hoffnung, sie vielleicht doch wieder an seiner Seite zu haben, bewegte Heinrich schließlich dazu, allem zuzustimmen und auch auf die vorgeschlagene Unterhaltsforderung einzugehen.

Als er sich nach ihrer derzeitigen Anschrift erkundigte und danach, wie er sie denn erreichen könne, legte sie den rechten Zeigefinger auf ihren Mund „Psst. Erst mal, wie bisher, über Herrn Arentz. Glaub mir: dass ist besser so."

Vor dem Café verabschiedeten sie sich und Vera küsste Heinrich leicht auf die Wange.

Verwirrt saß Heinrich wenig später in seinem Wagen. Noch immer spürte er den Kuss von Vera und roch ihr Parfum. „Vielleicht, vielleicht wird ja doch alles wieder gut."

18. September – *van Reegh'sche Villa, Köln*

Heinrich war in Eile. Er hatte gleich einen weiteren Besprechungstermin mit seinem Geschäftsführer. Es würde ein langer Tag werden, denn bis zu seinem Ruhestand gab es noch viele Details zu klären. So schnell wie möglich wollte er die Firmenangelegenheiten unter Dach und Fach haben, um sich dann voll und ganz der Regelung seines Privatlebens widmen zu können.

Widerwillig hob er den Hörer ab, als das Telefon klingelte. Es war Max, der sich scheinheilig erkundigte, ob Heinrich etwas von Vera gehört hatte. Heinrich würgte das Gespräch ab und versprach, ihn später anzurufen.

Aus dem Auto rief er dann schließlich zurück. Die Verbindung war schlecht. Sie vereinbarten ein Treffen am kommenden Wochenende.

Max war wie immer überpünktlich. Seine erste Frage galt Vera. Wusste Heinrich mittlerweile, wo sie wohnte?

„Wir haben uns letzte Woche im Café am Dom getroffen und uns ausgesprochen. Sie wollte mir aber weder Adresse noch Telefonnummer geben. Wenn ich sie sprechen will, muss ich einen Termin über ihren Anwalt vereinbaren. Ich weiß gar nicht, was diese Heimlichtuerei noch soll, jetzt, wo wir den Unterhalt geregelt haben."

Max nickte zustimmend mit dem Kopf, ging aber nicht weiter darauf ein. Er wusste nur zu gut; warum er Vera zu diesem Verhalten geraten hatte. Nicht auszudenken wenn Heinrich unangemeldet vor der Tür stehen und womöglich Peter, Jürgen oder ihn bei ihr antreffen würde. Max wollte auch unbedingt vermeiden, dass Anne mit Marie auftauchen könnte und Vera, begünstigt durch die Anwesenheit der Enkelin, vielleicht unvorsichtig sein könnte in ihren Äußerungen. Sie schien ihm in der letzten Zeit nicht mehr so zuverlässig zu sein, wie früher.

Er brachte das Gespräch geschickt auf den Hausverkauf und fragte, ob auch in diesem Fall eine Einigung erzielt worden sei.

„Im Prinzip, ja", antwortete Heinrich. „Das wird nicht so schnell über die Bühne gehen, wie Vera sich das wünscht. Und dass sie Annes Vorschlag so kategorisch ablehnt, bringt mich in ziemliche Schwierigkeiten. Ich hatte mich gedanklich schon auf mehr Leben in dem großen Haus gefreut."

„Bist du dir denn sicher, dass das so erstrebenswert wäre? Aus eigener Erfahrung kann ich dir sagen: erwachsene Kinder sollten ihr eigenes Leben führen und nicht im Hause der Eltern leben. Du glaubst gar nicht, wie mir Jürgen manchmal auf die Nerven gegangen ist. Ich bin heilfroh, dass er jetzt endlich eine eigene Wohnung hat. Er kommt auch so häufig genug mit seinen Problemen an oder auch nur zum Essen und um seine schmutzige Wäsche bei uns abzuliefern. Ich mag mir gar nicht vorstellen, noch mit ihm unter einem Dach zu wohnen. Und jetzt stell´ dir mal vor, in deinem Haus tummeln sich nicht nur manchmal sondern ständig drei Personen, davon ein Kleinkind. Ein Enkelkind stundenweise um sich zu haben, ist sicherlich schön. Aber ständig? Und wollte Anne nicht sowieso immer mindestens fünf Kinder? Na, dann aber gute Nacht. Dann darf der Opa immer als Babysitter aushelfen."

Heinrich nickte nachdenklich.

„Und ehrlich: so ganz unkompliziert ist Anne mit ihren teilweise alternativen Ansichten ja nun auch nicht", fügte Max noch schnell hinzu und wunderte sich, dass Heinrich so ruhig blieb.

„Na ja, das Anwesen und die Villa sind so groß, dass wir uns aus dem Weg gehen könnten. Veras Mutter, als sie noch hier im Haus lebte, habe ich oft tagelang nicht gesehen, weil sie in einem anderen Flügel wohnte."

„Bei Erwachsenen, die sich aus dem Weg gehen können, mag das ja auch zutreffen, außerdem warst du den ganzen Tag, manchmal auch mehrere Tage, außer Haus und hast von eventuellen Problemen nichts mitbekommen. Aber mit Annes Familie stellt sich die Sache anders dar. Du wirst dann im Ruhestand und überwiegend zuhause sein. Marie wird sich nicht an Grenzen halten und überall – auch in dem Bereich in dem du deine Ruhe haben willst – zu finden sein. Und wenn Anne noch ein paar Kinder bekommt, dann ist es mit der Ruhe gänzlich vorbei. Denk nur an die Sicherungsmaßnahmen, die du ergreifen müsstest: einen Zaun um den Teich machen und den Pool abdecken. Sandkasten, Schaukel und sonstige Spielgeräte, die dann ganz bestimmt nicht nur von deinen Enkelkindern genutzt würden, sondern von allen Kindern aus der Nachbarschaft, Kindergarten und später auch Schule. Womöglich kommt Anne dann auch noch auf den Gedanken, einen alternativen Kinderhort auf dem großen Grundstück einzurichten oder einen Gnadenhof für Tiere. Wäre das denn noch deine Villa, dein Park, dein Leben, dein Ruhestand? Und Aufenthalt in getrennten Flügeln der Villa funktioniert nicht. Anne soll dich später versorgen? Sie wird also den ganzen Tag um dich herum sein und bemuttern. Bevormundet im eigenen Haus. Soll so dein restliches Leben aussehen? Eine Angestellte, die zu aufdringlich wird, kannst du rausschmeißen. Miteigentümer – die dann auch noch deine Erben werden – nicht, die musst du ertragen."

Max hatte sich richtig in Rage geredet, während Heinrich nur zuhörte.

'Vielleicht hat er da gar nicht so Unrecht`, dachte Heinrich. 'Ich muss mir die Sache wirklich durch den Kopf gehen lassen. Und vor allem muss ich noch einmal mit Vera reden. Wenn es einen Weg gibt, dass wir irgendwie zusammenbleiben können, würde ich es mir noch einmal überlegen mit dem Zusammenziehen`.

Unterdessen fuhr Max fort: „Du solltest dir in der Tat mal Gedanken um dich selbst machen. Wie soll dein Leben aussehen? Ohne die zusätzliche familiäre Belastung bist du wesentlich freier in deinen Entscheidungen."

Max hatte für seine Argumente wohl den richtigen Zeitpunkt und den richtigen Ton getroffen. Heinrich wollte in Ruhe nachdenken und ihm jetzt nicht antworten.

Aber eine Vorentscheidung hatte er bereits getroffen.

18. September – *Zarenweg 9, Köln*

Anne saß am frühen Nachmittag mit einer Tasse Kaffee

auf der Terrasse und sah ihrer kleinen Tochter beim Spielen zu. Marie hockte bei strahlendem Herbstwetter im Sandkasten und backte Kuchen für ihre Puppen.

Sie dachte wieder einmal über die Ereignisse der letzten Wochen nach. Nichts war mehr so, wie es einmal gewesen war. Warum war in ihrer Familie alles so anders, als in anderen Familien? War es das überhaupt? Oder hatte sie einfach nicht richtig hingesehen? Warum war ihre Mutter so anders, als früher? Warum tat sie ihnen das alles an?

Ihr Vater hatte sie über die verschiedenen Schreiben der Anwälte unterrichtet und auch, dass er Vera getroffen habe und dass er immer noch nicht wusste, wo Vera eigentlich wohnte.

Ihre Gedanken gingen wieder zu dem eventuellen Umzug in ihr Elternhaus. Sie wollte ihren Vater in dieser Situation auf keinen Fall im Stich lassen. Sicher, ganz einfach war der Umgang mit Vater auch nicht immer. Aber in dem großen Haus konnte man sich ja auch aus dem Weg gehen, wenn und wann man das wollte.

Harald sah keine großen Probleme darin, diesen Schritt zu tun. Er hatte sich sogar überlegt, auch mit dem Büro in einen Teil der Villa zu ziehen, wenn ihr eigenes Haus verkauft würde und sich mit dem damit erworbenen Kapital und den eingesparten Kosten quasi in die Villa einzukaufen. Damit hätten sie auch einen Rechtsanspruch, wenn sich Vera weiterhin auf den Verkauf der Villa versteifen würde. Ganz Unrecht hatte er nicht damit, Harald war eben Kaufmann durch und durch.

Sie wurde durch die Türklingel aus ihren Gedanken

gerissen. Wer konnte das sein, sie erwartete keinen Besuch? Viel lieber hätte sie noch ein bisschen ihren Gedanken nachgehangen.

Vera stand vor der Tür.

„Mutter! Du? Wo kommst du denn her?", rief Anne überrascht aus. „Wie komme ich denn zu der Ehre?", fügte sie dann sarkastisch hinzu.

„Zu viele Fragen auf einmal. Darf ich erst mal reinkommen?"

Anne führte Vera auf die Terrasse und legte ihr noch ein Gedeck auf. Gerade wollte sie nach Marie rufen, als Vera ihr die Hand auf den Arm legte: „Lass sie erst mal weiter spielen. Dann können wir uns in Ruhe unterhalten. Für alles andere ist später noch Zeit."

Das war ja mal wieder typisch für ihre Mutter. Annes Gefühle fuhren Achterbahn. Sie war stinksauer auf ihre Mutter und doch gefiel es ihr irgendwie, dass sie den Weg zu ihr gefunden hatte.

„Mutter, was hast du uns und vor allem Vater mit deinem Verschwinden bloß angetan?"

„Richtiger ist die Frage, was dein Vater mir in all den Jahren angetan hat. Ich habe es nicht mehr ausgehalten. Deshalb bin ich gegangen."

Ausführlich schilderte Vera Heinrichs unmögliches Verhalten in den letzten Jahren. Dabei ließ sie auch keine Vorkommnisse aus, an die sich eventuell auch Anne noch erinnern konnte. Dass sie sich bei ihrer Darstellung nicht so ganz an die Wahrheit hielt, schien ihr nichts auszumachen. Als sie geendet hatte, lag der Schwarze Peter einmal mehr bei Heinrich, wenngleich auch sie nicht mit ganz weißer Weste dastand.

Anne hatte ihr ohne Unterbrechung zugehört. Sie konnte nicht glauben, was Vera da über ihren Vater erzählte. Sie konnte sich doch als Tochter nicht so in ihm getäuscht haben. Oder doch? Vielleicht hatte sie als Kind nicht den richtigen Blickwinkel gehabt, um die Ehe ihrer Eltern und den Charakter ihres Vaters überhaupt beurteilen zu können. Das, was Vera hier schilderte, war jedenfalls etwas völlig anderes als das, wie Heinrich ihr Eheleben dargestellt hatte.

Während Vera erzählte, beobachtete Anne ihre Mutter aufmerksam. Irgendetwas war anders an ihr. Sie sah zwar verdammt gut aus, viel jünger, als noch vor einigen Monaten. Aber sie redete anders als früher. Und vielleicht lag es ja auch an ihrer Aufregung, dass sie beinahe die Kaffeesahne in das Glas Wasser geschüttet hatte.

Das Gespräch drehte sich bald um den Hausverkauf. Anne fragte, warum das Elternhaus unbedingt verkauft werden müsse, es gäbe doch sicherlich andere Lösungen. Am Geld könne es doch nicht liegen.

„Mir steht die Hälfte zu. Ich werde nicht mehr zu Heinrich zurückkehren und brauche das Geld, um mein neues Zuhause zu bezahlen."

„Und wo ist das? Wo kann ich dich erreichen?

„Wie ich Heinrich schon gesagt habe, werde ich euch meine Adresse noch nicht geben. Ich will erst Abstand gewinnen. Ich werde mich melden."

Das Gespräch wurde jäh unterbrochen, als Marie ihre Oma entdeckte. Sie kam mit einem Jubelschrei angelaufen. Vera nahm sie hoch und drückte ihre Enkelin. Sie hatte Marie ein paar Spielsachen mitgebracht, die Marie jetzt auspacken durfte. Anne guckte etwas verdutzt, als sie das geschmacklose Babyspielzeug sah, für das Marie schon viel zu groß war. Außerdem war es nicht mit dem hochwertigen Spielzeug, dass Vera früher immer gekauft hatte, zu vergleichen. Bevor Anne sich dazu äußern konnte, drängte Vera aber zum Aufbruch. Sie wollte auf jeden Fall ein Treffen mit ihrem Schwiegersohn vermeiden. Der hätte das Gespräch bestimmt auch auf den Hausverkauf gelenkt und sie mit Zahlen und Berechnungen bombardiert, von denen sie nichts verstand. Das überließ sie lieber Peter und Max, die sie bisher – so glaubte sie jedenfalls – hervorragend beraten hatten.

An der Tür verabschiedete sie sich und meinte versöhnlich, dass sie froh sei, dass sie beide sich einmal ausführlich unterhalten hätten und vor allem dass sie die kleine Martha wieder gesehen habe. „Marie", korrigierte sie Anne.

„Ach, entschuldige, ich habe mich versprochen", winkte sie und war bereits auf dem Weg zu ihrem neuen Cabrio, das vor dem Haus parkte. „Hier ist Einbahnstrasse!", rief Anne noch hinter ihr her, aber da fuhr Vera bereits mit ziemlichem Tempo in die falsche Richtung davon.

2005

2. Mai – van Reegh´sche Villa, Köln

Das Trennungsjahr war fast um. Die zähen Verhandlungen, die Entscheidungen, die getroffen, und die Kompromisse die gefunden werden mussten, hatten Heinrich müde gemacht.

Den Rat seines Anwaltes bezüglich der Auslandskonten hatte Heinrich beherzigt. Die Konten waren aufgelöst und die Salden ausgeglichen, die Veras Kontenplünderungen verursacht hatten. Von dem nicht unerheblichen Betrag, der dann noch übrig geblieben war, hatte er seine private Altersvorsorge aufgestockt. Und einen weiteren Teil in Aktien und Wertpapieren angelegt, die jetzt mit seinen Goldbarren zusammen im Banktresor lagen. Sollte es doch da liegen, er brauchte es nicht. Es war ihm sowieso alles egal.

Den Betrieb hatte er mittlerweile komplett übergeben und fühlte sich nutzlos. Er hielt sich fast nur noch zuhause auf, pflegte keine Kontakte mehr und trank entschieden zu viel. Er war innerhalb weniger Monate um Jahre gealtert. Seine notwendigen regelmäßigen Kontrollbesuche beim Arzt nahm er längst nicht mehr wahr. Er war auffallend antriebsarm. Anne vermutete, dass er neben seinen Herzproblemen eine Depression entwickelte. Die manchmal noch aufkeimende Hoffnung, dass Vera doch noch zum ihm zurückkehren würde, wurde immer wieder durch entsprechende Absagen zerstört. Lange hatte Heinrich daran geglaubt, noch eine Lösung aus allen Konflikten finden zu können. Jetzt aber war er einfach nur fertig und wollte endlich seine Ruhe haben. Er hatte es sich zur Angewohnheit gemacht, bereits vormittags zum Cognac zu greifen.

Gerade die beste Voraussetzungen, um die Weichen für den endgültigen Verkauf der Villa zu stellen. Max wollte auf keinen Fall, dass Heinrich in seinem Haus bleiben konnte. Zum einen wollte er das Geld und zum anderen wollte er ihn auch moralisch vernichten. Er konnte nicht einmal genau sagen, warum, aber er hatte sich in diese Rolle so hineingesteigert, dass er auch keinerlei Skrupel mehr hatte.

Den Lebensstandard, den er sich bereits jetzt durch seine geschickten Manipulationen leisten konnte, wollte er auf keinen Fall mehr hergeben. Ganz im Gegenteil: er wollte noch viel, viel mehr.

4. Mai – *Zarenweg 9, Köln*

Anne rief ihren Vater an, um noch einmal die Formalitäten zu besprechen, die vor ihrem Einzug in die Villa erledigt werden mussten. Alles war gut vorbereitet. Harald hatte die verlässliche Zusage eines Kaufinteressenten für ihr Haus, er hatte einen Mieter für die Büroetage in der Innenstadt gefunden und alles war mit ihrem Steuerberater durchkalkuliert und besprochen. Jetzt sollte sich Heinrich alles noch einmal in Ruhe durchlesen, bevor sie übermorgen die Vereinbarung notariell beglaubigen lassen wollten.

Es dauerte eine Ewigkeit, bis Heinrich sich meldete.

„Vater, bist du erkältet, du klingst so heiser?"

„Nein, nein. Du hast mich aus dem Schlaf gerissen. Ich bin noch nicht ganz wach", antwortete Heinrich.

„Aber Vater, es ist fast 11 Uhr! Das kennt man ja gar nicht von dir", scherzte Anne und fuhr fort: „Ich wollte gleich bei dir vorbeikommen, damit du dir die Unterlagen in Ruhe durchlesen kannst. Der Notartermin ist für Freitag, also für übermorgen, angesetzt."

„Welcher Notartermin? Ich war doch gestern beim Notar."

„Wieso gestern? Du hast doch die Unterlagen noch gar nicht gelesen." „Welchen Termin meinst du eigentlich?", fragte Heinrich gereizt.

„Na, den für den Teilkauf des Hauses!" Anne wurde langsam ungehalten.

„Aber das Haus ist doch schon verkauft", dröhnte es in ihren Ohren. „Ich war gestern mit deiner Mutter beim Notar. Wir haben die Villa verkauft!"

„Aber das kann doch nicht wahr sein, Vater! Was hast du gemacht? Wir wollten dir doch den Anteil abkaufen, bevor wir bei dir einziehen. In zwei Wochen kommt der Umzugswagen. Das haben wir ein halbes Jahr lang gemeinsam geplant!"

„Ich brauche euer Geld nicht. Außerdem ist jetzt sowieso alles egal. Tut mir leid, wenn ihr enttäuscht seid", murmelte Heinrich einsilbig, bevor er den Hörer auflegte.

Anne war fassungslos. Sollte sie heulen, schreien, toben? Das konnte doch alles nicht wahr sein. So konnte man doch auch nicht mit ihr und ihrer Familie umgehen. Was dachten die sich eigentlich? Selbst ihrem eigenen Vater konnte sie nicht mehr über den Weg trauen. Sie hatte das Gefühl, ins Bodenlose zu fallen bei dem Gedanken, dass ihr geliebtes Elternhaus in einer Nacht- und Nebelaktion einfach so verkauft worden war. Sie zitterte. Es musste sofort alles gestoppt werden, was für den Umzug vorbreitet worden war. Sie wusste gar nicht, wo sie jetzt anfangen sollte.

Harald!

Als sie die Nummer wählte, liefen ihr die Tränen übers Gesicht und als ihr Mann sich meldete, brachte sie kaum ein Wort heraus. Als sie ihm bruchstückhaft geschildert hatte, was passiert war, fehlten auch ihm die Worte. Er war unglaublich wütend.

Was fiel seinen Schwiegereltern eigentlich ein? Seiner Schwiegermutter traute er, nachdem was vorgefallen war, schon eine ganze Menge zu, aber dass Heinrich sich nun doch zum Verkauf hatte überreden lassen, wäre ihm im Traum nicht eingefallen. Was wollte Vera denn noch alles? Tickte sie eigentlich noch richtig? Ganz gegen seine Gewohnheit haute Harald mit der Faust auf den Schreibtisch.

„Ich komme", sagte er knapp zu Anne. „Ich komme so schnell, wie ich kann, nach Hause."

4. Mai – *van Reegh´sche Villa, Köln*

Kurze Zeit später fuhren Anne und Harald zum van Reeg´schen Haus, vor dem sie auch Max antrafen, der zwischen mehreren Autos vor der Villa stand.

„Was machst du denn hier?", fragte Anne erstaunt.

„Ein guter Bekannter von mir hat eure Villa gekauft und jetzt macht er gerade mit Heinrich einen Rundgang durch das Anwesen", antwortete er lächelnd. Anne hätte ihm am liebsten eine rein gehauen. „Also steckst du dahinter, oder was?"

„Ich weiß gar nicht, was du meinst. Ich finde die Entscheidung deiner Eltern richtig. Was sollen die auf ihre alten Tage mit solch einem Klotz am Bein. Aber das kannst du ja nicht verstehen, du bist ja noch viel zu jung dafür", fügte er noch hinzu und drehte sich dann um, um ebenfalls ins Haus zu gehen.

„Ich erwürge ihn auf der Stelle, hier und jetzt", flüsterte Anne Harald zu. „Lass uns lieber nach Hause fahren, sonst vergess´ ich mich noch. Mit Vater kann ich auch morgen noch reden. Vielleicht habe ich mich bis dahin auch wieder besser im Griff. Kann man den Vertrag nicht rückgängig machen? Der Gedanke bringt mich um, dass fremde Menschen in meinem schönen Elternhaus leben werden."

„Ich glaube kaum, dass man den Verkauf rückgängig machen kann. Aber vor allem muss ich jetzt erst einmal alles zurück drehen. Und mir für meine Geschäftspartner eine passende Erklärung ausdenken, dass zum Einen unser Haus nun doch nicht mehr zum Verkauf steht und dass der Interessent für unsere Büroetage sich anderweitig orientieren muss. Ich kann denen ja schlecht die Wahrheit erzählen. Das glaubt mir doch kein Mensch!"

9. Mai – *Zarenweg 9, Köln*

Es dauerte einige Tage, bis Harald wieder alles soweit ins Reine gebracht hatte. Bei Anne sah die Sache anders aus. Sie bebte noch immer vor Zorn. So blieb sie auch recht unterkühlt, als Heinrich sich telefonisch bei ihr meldete. Er wollte eine Erklärung abgeben, aber Anne wollte sie gar nicht hören. Sie war zutiefst enttäuscht von ihm und fühlte sich betrogen. Nie wieder würde sie ihm ein Wort glauben können. Am Ende des Gesprächs teilte ihr Heinrich noch seine neue Anschrift mit. Er würde in wenigen Tagen ausziehen, da der neue Eigentümer es recht eilig hätte, mit den Umbauarbeiten anzufangen.

„Ich habe den Mietvertrag für die Wohnung bereits unterschrieben. Deine Mutter war zufällig auch dabei und meinte, dass sei ein richtiges Schnäppchen."

„Na, die muss es ja wissen!", fauchte Anne. Dann fuhr sie ruhiger fort: „Was habt ihr denn eigentlich für die Villa bekommen?"

„Drei Millionen stehen im Kaufvertrag."

„Das ist doch nicht dein Ernst! Die Villa ist mindestens eine Millionen mehr wert!"

„Ja, glaubst du denn, das wüsste ich nicht? Der Rest ist in bar geflossen."

„Du musst wissen, was du machst", sagte Anne kalt. „Ich kann dich nicht verstehen. Ich hätte nie gedacht, dass du dich einmal so ausnutzen lässt."

Nach dem Gespräch fühlte sich Heinrich völlig missverstanden. Er war enttäuscht über die Reaktion seiner Tochter. Schließlich war es ja auch sein Leben. Und darüber konnte er ja wohl selbst bestimmen. Und wenn er die Villa verkauft hatte. Ja, und? Das war doch schließlich sein Haus und seine Entscheidung. Jetzt war auf jeden Fall der Weg frei, um mit Vera noch einmal ganz von vorne anzufangen, wie sie ihm immer wieder angedeutet hatte. Deshalb hatte er auch zugestimmt, dass sie den Barbetrag in Höhe von 800.00,- allein bekommen sollte. Max hatte sich freundlicherweise bereit erklärt, diese doch nicht unerhebliche Summe unmittelbar vom Käufer entgegen zu nehmen und Vera zu übergeben. Heinrich interessierte es nicht, wie mit dem Geld weiter verfahren wurde, er hatte seinen Teil der Abmachung erfüllt.

Im Vorfeld des Verkaufs war Max einige Male bei Heinrich zu Besuch gewesen, um sich genauestens über den aktuellen Stand der Dinge zu informieren. Er wollte nicht riskieren, dass im letzten Moment noch irgendetwas dazwischen kam. Bei einem dieser Besuche hatte er Heinrich auch nach seinen Zukunftsplänen für die Zeit nach dem Verkauf gefragt. Er sei sich noch „nicht ganz sicher", war Heinrich ausgewichen. Neues Eigentum jedenfalls wollte er nicht mehr erwerben. Schließlich gab es ja auch noch das Haus am Chiemsee. Da wollte er bald wieder hinfahren und ein wenig ausspannen. Aber über diese Gedanken und auch über seine heimliche Hoffnung auf Vera hatte er Max an diesem Abend nichts erzählt. Das sollte erst mal sein Geheimnis bleiben.

Harald konnte nur den Kopf schütteln, als Anne ihm abends von dem Telefonat erzählte.

„So viel weniger haben die beim Notar angegeben? Ich möchte nur wissen, was mit dem restlichen Geld passiert", meinte er nachdenklich.

11. Mai – *Rheinstraße 326, Köln*

Im Penthouse hoch über dem nächtlichen Köln wurde ausgelassen gefeiert. Der Champagner floss in Strömen. Die Stimmung war ausgelassen. Wortführer war Max. Wieder einmal.

„Das ist alles ganz ausgezeichnet gelaufen. Vera, dass du Heinrich erst unmittelbar vor dem Notartermin angerufen hast, war klasse."

„Das war Jürgens Idee. Bei der Durchführung habe ich Vera unterstützt und festgehalten, so aufgeregt war sie", warf Peter ein.

„Wie dem auch sei! Heinrich hatte auf jeden Fall keine Zeit mehr, Anne zu informieren, die den Verkauf noch hätte kippen können."

„Mich wundert, dass Heinrich gar nicht gemerkt hat, dass die gesamte Hypothek, die er für den Umbau der Villa aufgenommen hatte, von seiner Hälfte abgezogen wurde", warf Jürgen ein. „Hat der Notar denn den Vertrag gar nicht erläutert?"

„Der Vertrag ist so umfangreich und hat so viele Paragraphen, dass der Notar ständig irgendwelche Erläuterungen abgeben musste. Ich bin froh, dass Max sich den Entwurf vorher genau durchgelesen und ihn für gut befunden hat. Ich selbst habe nur wenig verstanden. Und Heinrich war ja wohl mit allem einverstanden, sonst hätte er doch nicht unterschrieben."

„Komm, Peter mach´ noch eine Flasche auf. Man muss die Feste feiern wie…" Vera hielt inne. Wie hieß das Sprichwort noch? Schon wieder fielen ihr die Worte nicht ein. Bestimmt habe ich vergessen, meine Vitamine zu schlucken, schoss es ihr durch den Kopf. ´Wo habe ich die eigentlich hingetan?` Noch bevor sie eine Antwort darauf fand, schenkte ihr Peter das Glas wieder randvoll. „Prost", rief sie aufgekratzt und nahm einen großen Schluck.

Peter und Jürgen standen auf der Dachterrasse. Peter hatte sich eine Zigarette angezündet. „Du rauchst?", fragte Max erstaunt, der sich gerade zu den beiden gesellte.

„Seit ein paar Wochen. Es ist alles nicht so einfach, wie ihr euch das vorstellt. Vera wird immer exzentrischer. Sie ist launisch und vergesslich geworden. Sie dreht mir die Worte im Mund herum, wenn sie mal wieder was vergessen hat. Und sie behauptet, ich würde sie anlügen." Er nahm einen tiefen Zug. „Gestern ist sie mit dem neuen Wagen in der Tiefgarage nach hinten statt nach vorne losgerast. Was glaubt ihr, wie der Wagen aussieht? Und vor allem, was die Reparatur kostet. Und heute Morgen hat sie mich dann beschimpft, ich hätte den Wagen demoliert. Vielleicht liegt das ja an den vielen Brausetabletten, die sie neuerdings einnimmt. Vitamine, und was weiß ich was."

„Na, na. So schlimm wird es schon nicht sein. Du bekommst immerhin ein fürstliches Schmerzensgeld", beschwichtigte ihn Max. „Wir sollten uns übrigens in den nächsten Tagen dringend zusammensetzen, um alles Weitere genau zu besprechen. Wir müssen diese großen Summen ja auch entsprechend unterbringen."

„Und was passiert, wenn der Käufer bezahlt hat?", fragte Vera heiter in die Runde, als wieder alle beisammen waren.

„Dann überweist der Notar deine Hälfte auf das Konto, das du angegeben hast. Die Hypothek zieht er von Heinrichs Anteil ab und überweist den Rest an ihn.

„Super! Dann kann ich ja meine Wohnung hier auf einen Schlag abbezahlen!"

Sofort wurde sie von Jürgen gebremst: „Das solltest du nicht machen. Du hast das Penthouse mit einem langfristigen Darlehen zu einem äußerst günstigen Zinssatz finanziert. Wenn du jetzt tilgst, zahlst du eine irre hohe Vorfälligkeitsentschädigung. Und wie schon gesagt: die Zinsen und Dividenden sind bei den guten Anlagen, die du hast, höher als der Darlehenszins. Leg das Geld vom Hausverkauf bei mir an und du machst trotz der Schulden noch guten Gewinn! – Lass dich einfach von uns beraten!"

Alle lachten, nur Peter schaute betreten weg. Wie perfekt Jürgens und Maximilians Pläne aufgingen und wie leicht Vera zu überzeugen war, obwohl manche Argumente fadenscheinig und leicht zu entkräften gewesen wären. Vera tat ihm fast leid. Aus der anfänglich berechnenden, im wahrsten Sinne des Wortes „Geschäftsbeziehung", war für ihn mit den Jahren so etwas wie Zuneigung geworden. Außerdem bot ihm Vera natürlich genau den Lebensstandard, den er sich immer gewünscht hatte. Und der Unterhalt von Heinrich und die Zinsen, die Jürgen auszahlte, würden auf sehr lange Zeit genau diesen Lebensstandard sichern.

Heinrich, der seit der Unterzeichnung des Kaufvertrages endlich Veras neue Anschrift kannte, war zunächst überrascht, dass sie ausgerechnet in ein von ihm geplantes und gebautes Objekt gezogen war. ′Nicht die schlechteste Lage`, dachte er bei sich. ′Vielleicht gibt es ja eine weitere Wohnung im Haus, die noch zu haben ist. Dann wäre ich wenigstens in ihrer Nähe...`

18. Juni – *Finca Blanca, Mallorca*

Der Blick von der großzügigen Terrasse über das Meer war wirklich atemberaubend. Die Sonne schien zuverlässig und von der Bucht strich eine angenehme Brise über Haus und Garten. Die drei Männer hatten es sich mit Cocktails und einigen Tapas am Pool gemütlich gemacht. Etwas entfernt lag im Schatten eines riesigen Sonnenschirms eine ältere, irgendwie grau wirkende Dame und schlürfte vornehm an einem Glas Eistee. Der spätere Nachmittag war die beste Zeit des Tages.

Max räkelte sich genüsslich auf seinem Liegestuhl. „Herrlich, oder? Ist das nicht wahnsinnig schön hier?"

Der sonst eher blässliche Jürgen hatte einen leichten Sonnenbrand abbekommen und cremte sich sorgfältig ein. „Ja, wirklich schön. Und der Preis scheint auch zu stimmen. Wann schlägst du also zu? Ich glaube, die Finca ist ein echtes Schnäppchen."

„Wenn wir wieder in Köln sind. Die Anwälte haben alles schon ausgetüftelt. Schließlich geht es hier ja um eine Menge Geld. Und ich habe wahrlich nichts zu verschenken. Das machen wir ganz in Ruhe. Stimmt´s Peter?"

Aber Peter nickte nur stumm.

Max setzte sich in seinem Liegestuhl auf und sah zu ihm herüber. „Warum so wortkarg? Was ist los?"

„Ich habe keine Ahnung, wie das alles hier weitergehen soll. Ich meine: von den paar Zinsen aus Veras Vermögen können wir doch nicht alle diese Ausgaben bestreiten: die monatliche Dividende an Vera, die laufenden Kosten und vor allem unseren Gewinn. Das reicht doch vorne und hinten nicht. Oder hast du irgendwo eine Anlage gefunden, die 200 Prozent pro Jahr bringt, Jürgen?"

Jürgen stellte die Sonnencreme beiseite. „Du hast das immer noch nicht kapiert, oder? Wer sagt denn, dass Veras Geld angelegt worden ist?"

„Nicht? Und wo kommen dann die Summen her, die ihr jeden Monat an sie auszahlt?"

„Nirgendwo kommen die her! Die zahlen wir einfach von dem Geld, das sie uns gegeben hat."

Peter sah überrascht auf. „Das heißt, das Vermögen vermehrt sich gar nicht, sondern wird immer kleiner? Dann ist doch alles im Nullkommanix aufgebraucht! Was soll denn eurer Meinung nach passieren, wenn das Geld alle ist? Oder wenn Vera wieder an ihr Vermögen will?"

Jetzt schaltete sich Max wieder ins Gespräch ein: „Das lass mal meine Sorge sein. Bei Vera ist noch reichlich Kapital vorhanden. Das müssen wir nur nach und nach liquide machen. Und wenn es dann in unserer Obhut ist, zahlen wir Veras monatliche Dividende einfach von dem frischen Geld. Und so weiter und so weiter. Wenn alles verbraucht ist, denken wir uns etwas Neues aus. Und dann brauchen wir Vera auch nicht mehr. Dann hast du sozusagen frei."

Peter schluckte trocken. Er griff zur Brandyflasche und schenkte sich ein Wasserglas randvoll. Das war nicht nur Diebstahl und Verbrechen.

Dieser Plan war zynisch und gemein.

23. Dezember – *Krämergasse 24, Köln*

„Konntest du nicht besser aufpassen? Die Alte verpulvert unser ganzes Vermögen. Ein Pelzmantel hätte doch genügt. Aber es müssen ja drei sein. Einen Nerz, einen Zobel, und einen Chinchilla. Und noch dazu der ganze Schmuck!" Jürgen war stinksauer, dass sein Freund nicht wachsam genug gewesen war. „Du solltest doch auf sie einwirken, dass sie so viel wie möglich mir übergibt. Für diese kleine Aufgabe lebst du ja wahrlich nicht schlecht von dem Unterhalt, den sie von ihrem Gatten bekommt!"

„Wie stellst du dir das denn vor? Ich kann sie doch nicht festbinden, wenn ich mal gerade nicht bei ihr bin. Und in der Öffentlichkeit darf ich mich mit ihr nicht blicken lassen. Ihr habt Vera doch eingebläut, noch gelte das Schuldprinzip bei der Scheidung. Und nur solange sie allein lebt, ist ihr Mann der Schuldige, weil er allein für die Zerrüttung der Ehe verantwortlich ist. Deshalb muss ich mich bei ihr rein- und rausschleichen, mich regelmäßig in meiner eigenen Wohnung aufhalten und wenn sie dann mit ihren bekloppten Weibern shoppen geht, habe ich sie eben nicht unter Kontrolle", brauste Peter auf. „Du stellst dir das alles immer so einfach vor!"

„Mir kommen die Tränen! Streng dich gefälligst an. Übrigens, hast du jetzt endlich die Kontovollmacht?"

„Nein, noch nicht. Wenn ich das Thema anschneide, weicht sie mir immer aus. Aber ich werde ihr klarmachen, dass ich eine Vollmacht brauche, um ihr im Fall des Falles auch im Ausland helfen zu können, falls mal was passiert. Sie hat noch jede Menge Reisepläne für uns."

27. Dezember – Rheinstraße 326, Köln

Vera hatte es sich im Wohnzimmer auf dem Sofa bequem gemacht und sah sich im Fernsehen eine Quizsendung an. Wo Peter nur blieb? Er wollte doch längst zurück sein. Sie konnte es kaum erwarten, dass er den Umschlag öffnete, den sie vor die Flasche Champagner gestellt hatte. Auch Canapés hatte sie besorgen lassen. Im Umschlag befanden sich die Unterlagen für ihre gemeinsame Reise nach Davos, die sie in wenigen Tagen antreten würden.

Sie freute sich auf die Reise. Das war die erste Gelegenheit, die neuen Pelzmäntel, insbesondere den Zobel, zu tragen. Beim Gedanken daran sprang sie auf, lief ins Schlafzimmer, öffnete den Kleiderschrank, nahm den Mantel heraus und zog ihn über. Als sie sich in der

Spiegeltür betrachtete und drehte, um den Mantel von allen Seiten zu bewundern, stutzte Vera plötzlich. Sie hatte schon den ganzen Tag das Gefühl, etwas Wichtiges vergessen zu haben. „Ach, das wird nur der Stress wegen der Reise sein", murmelte sie vor sich hin. „Das fällt mir schon wieder ein." Aber es bedrückte sie doch ein wenig.

Als die Wohnungstür aufgeschlossen wurde, hängte sie den Mantel zurück in den Schrank und ging Peter entgegen. „Du bist spät dran."

„Ja, tut mir leid. Ich wurde unterwegs noch aufgehalten", antwortete Peter. „Übrigens: schau mal, was ich hier habe". Er hielt Veras Schlüsselbund hoch. „Der steckte draußen in der Tür".

„Das kann schon mal passieren. Aber du hast ihn ja gefunden", lachte Vera aufgedreht und zerrte Peter ins Wohnzimmer. Er folgte ihr gedankenverloren, denn das letzte Gespräch mit Jürgen beschäftigte ihn immer noch.

Vera war sich ganz sicher, dass sie Peter noch etwas zeigen wollte. Was war das denn nur gewesen? Ihr suchender Blick fiel auf den Umschlag mit den Reiseunterlagen. „Ich habe eine Überraschung für dich!", riss Vera ihn aus seinen Gedanken. „Mach mal den Umschlag auf!". Als Peter seinen Namen auf dem zweiten Ticket las, war seine Welt mit einem Schlag wieder in Ordnung. Davos war schon immer sein Traum gewesen. Am Anfang ihrer Beziehung waren sie gemeinsam heimlich in St. Moritz, in Gstaad und in Zermatt gewesen. Jetzt folgte also der Gipfel der Genüsse: Davos für vier lange Wochen. Nur Schnee, Schickeria, Wellness und süßes Nichtstun.

Er zog Vera aus dem Sessel und drückte sie an sich. „Damit hast du mir wirklich eine große Freude gemacht. Das ist wirklich lieb von dir", säuselte er. Dann holte er tief Luft, um seinen Auftrag loszuwerden.

„Im Zusammenhang mit der Reise sollten wir unbedingt die Frage der Kontovollmacht klären. Wenn du während der Fahrt krank wirst, ins Krankenhaus oder sogar nach Hause zurück transportiert werden musst, dann kann ich dir so nicht helfen."

Sie löste sich von ihm, trat einen Schritt zurück und blickte ihm starr ins Gesicht. War das das Wichtige, was sie vergessen hatte? Sie wusste es nicht. Aber es war doch wichtig!

'Verdammt`, dachte Peter. 'Das ist wohl nicht ganz der richtige Augenblick gewesen`.

Nach einer Weile senkte Vera den Blick. „Das geht nicht! Ich kann doch nicht mit dir in die Bank marschieren und dir Vollmachten einräumen. Bankgeheimnis hin oder her, der Filialleiter ist Heinrichs Freund und würde ihn sicher sofort informieren. Dann ist es Essig mit dem Unterhalt, wie du selbst gesagt hast." Nach einer kurzen Pause zwinkerte sie ihm aber mit verschwörerischer Miene zu: „Aber du weißt, wo meine Scheckkarten sind, und die Geheimnummern gebe ich dir jetzt, damit du mich endlich mit diesem Thema in Ruhe lässt." Sie setzte sich wieder vor den Fernseher, als hätte das Gespräch überhaupt nicht stattgefunden.

„Komm Liebling, dann lass uns das auch gleich erledigen", meinte Peter. „Nicht, dass wir es dann nachher wieder vergessen."

Umständlich stand Vera wieder auf und suchte in ihrem Sekretär wahllos nach den Pin-Nummern. Peter, der neben ihr stand, versuchte, ihr zu helfen. Das lehnte sie unwirsch ab. „Ich weiß doch wo ich die, die... Dinger hingetan habe."

Peter hatte den Umschlag mit den Nummern entdeckt und ihr unauffällig untergeschoben. Dasselbe machte er mit einer kleinen Kladde, die offensichtlich sämtliche Unterlagen für Online-Banking enthielt. „Na, siehst du, da sind sie doch! Und das hier brauchst du vielleicht auch. Irgendwas von der Bank. Kannst ja mal sehen, was du damit anfangen kannst", sagte Vera erleichtert und nahm sich vor, morgen noch mal zur Apotheke zu gehen.

Kurz vor Reiseantritt schauten Vera und Peter noch einmal bei Maximilian vorbei und hinterließen bei dieser Gelegenheit ihre Hotelanschrift sowie verschiedene Informationen über den Reiseverlauf. „Du und Ursula, ihr seid die einzigen, die wissen, dass wir in Urlaub fahren und wohin", säuselte Vera Max dabei zu.

„Dann gute Reise, erholt euch gut und schreibt von unterwegs mal eine Karte! Bis bald!"

2006

12. Februar – *Krämergasse 24, Köln*

Vera lebte nun schon weit über ein Jahr von Heinrich getrennt. Ihr Anwalt hatte nun angefragt, ob sie– da die Voraussetzungen schon lange erfüllt waren – die Scheidung beantragen wollte.

Sofort bot Max an, seine Cousine zum Anwalt zu begleiten. Herr Arentz klärte sie gewissenhaft darüber auf, dass es sich jetzt nur noch um eine reine Formsache handeln würde. Sie solle ihm bald Bescheid geben, ob er den Antrag einreichen solle.

„Was soll ich tun Max? Was rätst du mir?", fragte Vera später.

„Aus dem Bauch heraus würde ich sagen, lass die Scheidung sein. Dein Unterhalt ist gesichert, genauso deine eigene kleine Rente. Bleibst du auf dem Papier verheiratet, kannst du, wenn du Heinrich überlebst, sogar noch eine Witwenrente bekommen. Selbst, wenn er ein Testament gemacht und dich enterbt haben sollte, steht dir der Pflichtteil zu. Warum also eine Scheidung?"

„Und wenn er alles verjubelt, bis er verstirbt, steh´ ich mit zwei Renten da und den Zinsen auf mein Vermögen, das immer kleiner wird, weil ich davon leben muss."

Das traf Max wie ein Schock. Dass Vera noch einmal etwas von dem Vermögen sehen sollte, war so nicht geplant. „Vera, ich muss darüber nachdenken. Unternimm´ nichts, ich rufe dich an", sagte er eindringlich und gab ihr zum Abschied einen Kuss auf die Wange.

Am Abend saßen Max und Jürgen zusammen im heimischen Wohnzimmer. Ein Kriegsrat war nötig geworden, denn Vera stellte unnötige Fragen. Ob Zufall oder nicht, sie mussten wachsam sein. Nach langem Hin und Her hatte Jürgen die zündende Idee: „Eine Scheidung an sich wäre kontraproduktiv, wie du bereits Vera erklärt hast. Es sei denn, es gibt noch lohnenswerten Zugewinn, der geteilt werden könnte. Jetzt zu teilen würde sicherlich mehr bringen, als auf einen eventuellen Rest aus einem Pflichtteil zu warten. – Da muss Peter ran, der hat nach dem Patzer mit den Pelzmänteln noch was gut zu machen."

„Komm! Gemessen an der Gesamtsumme aus dem Hausverkauf waren das doch nur Peanuts!"

„Trotzdem musst du aus Vera herauskriegen, ob weitere Vermögenswerte vorhanden sind, die es lohnt, zu teilen. Wohnungseinrichtung und die Konten sind durch. Das Anwesen ist verkauft. An Heinrichs Hälfte des Erlöses kommen wir auch bei einer Scheidung nicht ran. Seine Altersversorgung dürfen wir nicht antasten, sonst liegt uns Vera auf der Tasche. Aber vielleicht gibt es in irgendeiner Ecke etwas, von dem wir drei noch gar nichts wissen. Aktien im Keller, Schmuck im Tresor, Gold im Garten, eine Jagdhütte in der Eifel, eine Yacht im Mittelmeer, was weiß ich… Das muss Peter rauskriegen. Und: egal wie unsere Entscheidung dann ausfällt, es wird Peters Aufgabe sein, Vera entsprechend zu instruieren und bei der Stange zu halten."

12. Februar – *Rheinstraße 326, Köln*

„Wie war es heute beim Anwalt?"

„Anwalt?"

„Vera, du warst doch heute mit Maximilian bei deinem Anwalt, wegen der Scheidung!"

„Ja, ja, da war ich mit Max."

„Und was ist dabei rausgekommen?"

„Max will noch mal prüfen, wie das mit dem Versorgungsausgleich, dem Unterhalt und der Teilung von Zugewinn ist."

„Gibt es denn überhaupt noch was zu teilen?"

„Klar! Heinrich hat doch Geld wie Heu, ansonsten könnte er mir doch keinen Unterhalt zahlen. Dann ist da noch die Firma und natürlich das alte Sommerhaus am Chiemsee."

Peter kam aus dem Staunen nicht mehr heraus. Jetzt war er schon so lange mit Vera zusammen, aber ein Ferienhaus am Chiemsee hatte sie bislang mit keiner Silbe erwähnt. Vera umriss kurz, wann und wie sie das angeschafft hatten, damals. Auch ihre Urlaube in den ersten Jahren. Das Haus war dann immer mehr der Urlaubsort von Anne und ihrer Oma geworden, die auch ein enges Verhältnis zu dem Verwalterehepaar hatte. Vera hatte sehr schnell keine Lust mehr auf Urlaube in Deutschland gehabt und auch Heinrich hatte sich in den letzten Jahren nur noch selten dorthin zurückgezogen. Sie selbst war schon ewig nicht mehr da gewesen. Peter lauschte gespannt und ließ sich die Einrichtung und den Zustand nach dem später erfolgten Umbau genauestens schildern. Sogar ein Boot gehörte zum Haus!

Noch am selben Abend stellte er eine Liste zusammen, die all diese wertvollen Informationen enthielt. Die Immobilie stand ganz oben.

Peter, Jürgen und Max saßen, wie so oft in den letzten Monaten, zusammen. Heute brüteten sie über Veras erweiterter Vermögensaufstellung.

Vera konnte sich nicht mehr genau an alles erinnern. Es gab kaum eine verlässliche Auskunft darüber, was überhaupt einmal vorhanden gewesen war, ob es noch existierte oder bereits aufgebraucht war.

Blieb also das Ferienhaus in Bayern. Max hatte zwar von seiner Existenz gewusst, aber nicht weiter darüber nachgedacht. Insgeheim ärgerte er sich schwarz, dass er nicht früher darauf gekommen war. Und: hatte Martha ihm nicht irgendwann einmal erzählt, dass es ein Testament zugunsten von Anne gäbe?

Peter berichtete ausführlich von Veras Beschreibung des Hauses und hatte auch ein paar Bilder dabei. Es war ein millionenschweres Objekt. Man konnte richtiggehend sehen, wie die Drei in Gedanken Wert, Erlös und Gewinn berechneten. Die Gier stand ihnen erneut ins Gesicht geschrieben.

„Ich habe Vera gefragt, wem die Immobilie am Chiemsee letztendlich gehört. Sie sagt klipp und klar, dass das Heinrich ist. Er hat sie seinerzeit auf seinen Namen gekauft. Mehr weiß Vera nicht. Außerdem interessiert sie sich nicht für diese „Hütte", wusste Peter zu berichten.

„Hat sie wirklich „Hütte" gesagt? Na ja. Da muss doch was rauszukriegen sein", meinte Max entschlossen. Er hatte schon seit Längerem vor, Heinrich in seiner neuen Wohnung zu besuchen. Die Männer beendeten die Diskussion und gingen für heute ihrer Wege.

14. Februar – *Schmiederweg 34, Köln*

Heinrich freute sich über Besuch im neuen Heim. Max sah sich um und stellte zufrieden fest, dass diese drei Zimmer Wohnung nur noch wenig mit der Villa im noblen Kölner Vorort zu tun hatte. Zur Feier des Tages hatte er tief in die Tasche gegriffen und zur Einweihung eine Flasche vom besten Cognac mitgebracht.

Als sie gemeinsam anstießen, fragte Max ihn geschickt aus. Wie es ihm denn so ginge nach dem Auszug. Ob er sich bereits gut eingelebt habe.

Ob er sich mit Anne wieder versöhnt hätte. Wie er denn so seine Zeit verbrachte. Und ob er denn auch mal wieder am Chiemsee gewesen sei.

Heinrich holte tief Luft, nahm einen sehr großen Schluck aus seinem Cognacschwenker und erzählte ihm, dass sein Verhältnis zu Anne nach dem plötzlichen Verkauf der Villa immer noch sehr abgekühlt sei.

Er hatte Zeit gebraucht, um sich erst einmal hier einzurichten und zurecht zu finden. Es sei doch eine ziemliche Umstellung, in einer so kleinen Wohnung zu leben und ohne großen Garten. Personal habe er auch keines mehr, die Putzfrau, die zweimal wöchentlich käme, würde ihm ausreichen. Am Chiemsee war er noch nicht gewesen.

Damit war für Max aber die Frage nach den Eigentumsverhältnissen am Chiemsee natürlich noch nicht beantwortet. Geschickt lenkte er wieder das Gespräch darauf, bis Heinrich gar nicht mehr aufhörte zu schwärmen, welch schöne Zeiten man doch früher in dem prächtigen Anwesen mit Seegrundstück gemeinsam verbracht habe.

Nach dem dritten Cognac teilte er einem zunehmend begeisterten Max mit, dass er das Anwesen seinerzeit kurz vor seiner Ehe günstig hatte erwerben können. Einige Zeit später, als er und Vera verheiratet und sehr verliebt gewesen waren, hatte er es Vera geschenkt.

Über die Tragweite seiner Redseligkeit war er sich aufgrund des Alkoholkonsums und des seit Monaten von Max aufgebauten Vertrauensverhältnisses in diesem Moment überhaupt nicht bewusst.

Am kommenden Tag rief Max bei Vera an und riet ihr dringend davon ab, sich scheiden zu lassen. „Du hast doch alles, was du brauchst. Und wenn Heinrich einmal stirbt, erbst du auch noch alles andere von ihm."

Er war begeistert von der Aussicht, dass durch die Immobilie am Chiemsee noch einmal ein nicht unbeträchtlicher Teil an Geld in ihre Taschen gespült werden würde. Mit so viel Glück hatte er gar nicht gerechnet.

Wichtig war jetzt nur, dass Veras seltsame Veränderungen genauestens durch Peter überwacht wurden. Nicht, dass die ihnen im letzten Moment noch einen Strich durch die Rechnung machte. Zumal sie die letzten Male immer mal wieder davon sprach, dass sie ihre Enkelin gerne wieder sehen wollte und somit zwangsläufig auch wieder Kontakt zu ihrer Tochter bekam. Und die war weiß Gott nicht zu unterschätzen.

„Peter, du bist derjenige, der aufpassen muss, dass Vera nicht aus dem Ruder läuft. Sie ist in letzter Zeit irgendwie sehr zerstreut. Also, sieh zu! Wir brauchen sie noch."

19. Februar – *Domcafé, Köln*

Heinrich war erstaunt über Veras Anruf, willigte aber sofort zu einem Treffen am übernächsten Tag im Cafe´ am Dom ein.

Heinrich war pünktlich. Vera wartete bereits in der gleichen Nische, in der sie beim letzten Mal gesessen hatten. Vera war etwas nervös. Sie hatte in der letzten Zeit ziemliche Schwierigkeiten, sich zu orientieren.

„Gut schaust du aus. Hast du zugenommen?" fiel Heinrich ziemlich plump mit der Tür ins Haus.

„Ja, ein paar Gramm. Liegt sicher daran, dass ich nicht mehr regelmäßig Sport mache. Und bei dir? Alles in Ordnung?"

„Soweit ja. Ich habe mich in meiner Stadtwohnung ganz gut eingelebt und stundenweise eine Haushaltshilfe eingestellt."

„Anne hilft dir nicht?"

„Nur selten! Unser Verhältnis ist seit dem Blitzverkauf unserer Villa etwas getrübt."

Das Gespräch plätscherte eine zeitlang mit belanglosen Thema dahin. Heinrich hatte den Eindruck, dass Vera irgendwie bedrückt war. Und ihr Äußeres ließ auch einiges zu wünschen übrig. „Geht es dir auch wirklich gut, Vera?" fragte er noch einmal. Eine Spur zu schrill war ihr Lachen, als sie ihm antwortete „Ja. Und wie. Ich muss mich vielleicht mal gründlich untersuchen lassen. Ich werde halt auch nicht jünger."

„Ich bin immer für dich da, Vera. Vergiss das nicht", sagte Heinrich leise.

23. Februar – *Rheinstraße 326, Köln*

Veras Anruf hatte Anne mehr als überrascht. Vera hatte Anne in ihr neues Zuhause eingeladen! Es sei fertig eingerichtet, so dass sie es jetzt mit gutem Gewissen auch vorzeigen könnte. Sie teilte Anne noch ihre Adresse und neue Telefonnummer mit und sie verabredeten sich für einen der nächsten Tage, an dem Marie nachmittags im Kindergarten war.

Was wollte ihre Mutter? Etwas unbehaglich saß Anne in der Penthouse-Wohnung und war sich ihrer Gefühle nicht ganz sicher. Irgendwie war sie froh, dass ihre Mutter sich gemeldet hatte und sie offenbar wieder in ihr Leben aufnahm. Andererseits bedrückte sie die Umgebung. Die Wohnung war zwar großzügig und hell, aber überwiegend mit den Antiquitäten aus ihrem Elternhaus eingerichtet und das riss –verständlicher Weise - alte Wunden bei ihr auf.

Ihre Mutter machte einen etwas ungepflegten Eindruck, fand Anne. Vera war aufgesetzt fröhlich, man merkte ihr die Nervosität aber an. Zu Kaffee und Kuchen plapperte sie einfach drauf los, erzählte von ihren beiden letzten

Reisen, führte Anne ihre neuen Pelzmäntel vor, und erzählte zeitweise ziemlich dummes Zeug, wie Anne fand. Nach dem Kaffee führte Vera ihre Tochter durch die gesamte Wohnung. Der Rundgang endete auf der weitläufigen Dachterrasse mit dem atemberaubenden Blick auf den Dom.

Obwohl Anne sehr darauf geachtet hatte, konnte sie keinerlei Anzeichen für die auch nur zeitweise Anwesenheit eines Mannes finden, auch nicht im Schlafzimmer oder im Bad. Ihre Schulfreundin musste sich geirrt haben, als sie ihr kürzlich erzählte, sie hätte Vera mit einem wesentlich jüngeren Mann in der Stadt gesehen. Sie hatte Anne gegenüber den Eindruck geäußert, die zwei seien sehr vertraut miteinander gewesen. Sie hatte auch geglaubt, den Mann irgendwoher zu kennen. Er hätte etwa das Alter ihres älteren Bruders gehabt.

Erst als Anne ihrer Mutter versprochen hatte, beim nächsten Besuch Marie mitzubringen, kam Vera kurz auf Heinrich zu sprechen.

„Nein, ich konnte es mit ihm zusammen nicht mehr aushalten und fühle mich hier in meinen eigenen vier Wänden allein wesentlich wohler. Heinrich scheint sich auch gut eingelebt zu haben, so hat er es mir jedenfalls erzählt. Und das Anwesen, dass im Laufe der Jahre immer mehr zum Klotz am Bein geworden wäre, ist Gott sei Dank verkauft."

„Aber durch den überstürzten Verkauf habt ihr viel Geld verloren und du hast uns die Chance genommen, einen Teil zu übernehmen. Dann hätte Vater dort wohnen bleiben können und wir hätten uns um ihn gekümmert. Das müssen jetzt fremde Menschen tun. – Ich glaube, der ganze Verkauf des Hauses, das immerhin ein wesentlicher Bestandteil seines Lebens war, hat ihm mehr zugesetzt, als er zugibt. Ich merke, dass er nicht mehr der Alte ist. Er trinkt zuviel, hat insgesamt stark abgebaut und wirkt zunehmend depressiv auf mich."

„Das darfst du mir doch nicht in die Schuhe schieben. Für die Zerrüttung unserer Ehe trägt er die alleinige Schuld, das weißt du so gut wie ich. Erinnere dich nur an die Zeit, als du noch zu Hause warst und Oma noch lebte. – Und dem Hausverkauf hat er schließlich zugestimmt."

Die Situation war dann doch nicht mehr so entspannt und die Stimmung etwas frostig, als Anne sich eine Stunde später verabschiedete.

In der Folgezeit vertiefte sich, sehr zum Missfallen von Max, der Kontakt zwischen Anne und Vera. Immer öfter telefonierten sie und hin und wieder kam Anne mit der kleinen Marie bei der Oma vorbei.

Die fatale Veränderung, der Vera offenbar unterworfen war, wurde Anne immer deutlicher bewusst.

2007

8. März – Platanenallee 1, Köln

So aufgeregt hatte Heinrich seinen Geschäftsführer noch nie erlebt. Er bat ihn telefonisch um ein schnellstmögliches Gespräch in seinem Büro. Als Heinrich eintraf, lief Herr Fischer nervös im Zimmer auf und ab. Er hatte sein Jacket abgelegt und die Krawatte gelockert. Trotzdem war der Hemdenkragen verschwitzt.

So schnell wurde Heinrich also vom Alltagsgeschehen eingeholt. Sein Geschäftsführer hatte alarmierende Nachrichten. Bereits zum vierten Mal kurz hintereinander war er bei einem Angebot für ein Großprojekt unterboten worden und die Konkurrenz hatte den Zuschlag für die höchst lukrativen Aufträge erhalten.

„Herr van Reegh! Es lässt sich nicht mehr vermeiden. Ich muss Konkurs anmelden. Ich kann die Rechnungen und, was noch viel schlimmer ist, die Löhne und Gehälter nicht mehr zahlen. Es ist aus! Die Aufträge bleiben aus und die, die noch ausgeschrieben werden, bekommen wir nicht, weil wir ständig unterboten werden. Das sind die reinsten Dumpingpreise!"

Heinrich saß wie versteinert da, er war keines klaren Gedankens mehr fähig. Der Raum schien sich zu drehen, er spürte noch Stiche in der Brust, dann wurde ihm schwarz vor Augen.

„Herr van Reegh! Herr van Reegh! Was ist mit ihnen?" Heinrich lag mit offenen Augen auf dem Boden. Der Geschäftsführer hastete um den Schreibtisch herum und hieb die 112 ins Telefon.

Innerhalb weniger Minuten war der Rettungswagen vor Ort. Der Notarzt leitete sofort die Reanimationsmaßnahmen ein, stabilisierte den Zustand und ließ Heinrich mit Verdacht auf einen Schlaganfall in das nächste Akut-Krankenhaus bringen.

Zurück blieb ein am Boden zerstörter Geschäftsführer.

9. März – *Universitätsklinik, Köln*

Vera war die erste, die durch die Klinik von Heinrichs Schlaganfall benachrichtigt worden war. Völlig kopflos lief sie in der Wohnung auf und ab. Auch Peter wusste nicht so recht, was jetzt zu tun war. Er konnte sie doch nicht auf einmal ins Krankenhaus begleiten, wo er sich über all die Jahre vor Veras Familie versteckt hatte. Blieb nur ein Anruf bei Max, der versprach, sofort vorbei zu kommen und Vera zu begleiten.

Und so saß Max im Wartebereich vor der Intensivstation, während Vera darauf wartete, zu Heinrich gelassen zu werden. Ein Pfleger holte sie an der Tür ab, wartete, bis sie sich die Schutzkleidung übergezogen hatte, und brachte sie dann hinein.

Vera brach in Tränen aus, als sie Heinrich, mit freiem Oberkörper, an Überwachungsgeräte und künstliche Beatmung angeschlossen, liegen sah. Nach einiger Zeit sprach sie der Dienst habende Arzt an: „Frau van Reegh, es wäre gut, wenn sie ein paar Minuten Zeit hätten. Wir müssen einiges besprechen. Ich warte draußen im Flur auf sie."

Vera folgte dem Arzt sofort. In der Schleuse versuchte sie mehrmals erfolglos, ihre Schutzbekleidung abzulegen. Mit geübten Handgriffen befreite der Arzt sie aus der Situation und führte die hilflose Frau hinaus.

„Haben sie weitere Angehörige? Kinder, die wir anrufen können?", fragte er. Vera bejahte und gab ihm einen Zettel mit Annes Nummer, den sie sich extra ganz vorne ins Portemonnaie gesteckt hatte. In letzter Zeit wusste sie selbst die wichtigsten Telefonnummern nicht mehr. „Können wir mit dem Gespräch warten, bis meine Tochter hier ist?", bat sie. „Natürlich. Dann gehe ich noch schnell auf Station und bin gleich wieder da. Möchten sie vielleicht einen Schluck Wasser in der Zwischenzeit?". Dankend nahm Vera an.

20 Minuten später traf Anne im Klinikum ein. Vera war erleichtert, als sie ihre Tochter sah. Gerade, als Anne sich zu ihrer Mutter gesetzt hatte, kam der Arzt zurück und setzte das unterbrochene Gespräch fort: „Ihr Mann hatte einen schweren Schlaganfall. Wir konnten ihn zwar wiederbeleben und stabilisieren aber das Gehirn ist stark geschädigt. Die Überlebenschancen würde ich im Moment mit fünfzig zu fünfzig einschätzen, wenn es keine Komplikationen gibt. Die sind aber bei der Schwere des Schlaganfalls leider nicht auszuschließen."

„Wird mein Mann denn wieder gesund?", fragte Vera leise.

„Wie ich schon sagte, die Schädigungen sind sehr groß. Sollte ihr Mann überleben, was wir natürlich alle hoffen, dann wird er ein absoluter Pflegefall bleiben. Gibt es eine Patientenverfügung oder eine Vorsorgevollmacht?"

„Ist das denn notwendig?", mischte Max sich plötzlich

ein. Anne warf ihm einen bösen Blick zu. „Ich kann doch die Entscheidungen treffen."

„Nur wenn sie bevollmächtigt sind. Die Akutversorgung haben wir übernommen. Für die weiteren Behandlungen und natürlich auch für die Pflege danach brauchen wir die Einwilligung des Patienten oder seines gesetzlichen Vertreters."

Vera sah ihn verständnislos an, während Max nickte.

„Am besten, sie wenden sich erst einmal an unseren Sozialdienst, der wird ihnen bei der Antragstellung behilflich sein. Ich gehe doch davon aus, dass sie die Betreuung übernehmen werden?", fragte er und schaute Vera an.

Vera nickte nur stumm.

„Kann ich zu ihm?", fragte Anne.

Der Arzt setzte gerade zu einer Antwort an, als sein Handy klingelte. Er schaute kurz auf das Display und eilte zur Tür: „Entschuldigung! Ein Notfall! Ich bin später wieder auf der Intensivstation erreichbar."

Anne war zwar erstaunt darüber, dass Max so schnell zur Stelle war, um ihre Mutter zu begleiten, aber in dieser extremen Ausnahmesituation verschwendete sie keinen weiteren Gedanken mehr daran.

Vielmehr gingen ihr die Bilder aus den letzten Wochen und Monaten durch den Kopf. Sie hatte zwar nicht mehr ganz so viel Kontakt zu ihrem Vater wie früher, aber seit Veras Auszug war er rapide gealtert.

„Weißt du, was eigentlich passiert ist?", fragte sie unvermittelt ihre Mutter.

Noch ehe diese antworten konnte, meldete sich Max wieder zu Wort und berichtete davon, dass man Vera wohl zuhause angerufen und benachrichtigt hätte. Darauf habe sie ihn gebeten, sie hierher zu fahren. So durcheinander wie Vera gerade war, wollte er nicht riskieren, dass sie eventuell ein Wort über Peter verlieren würde.

Kurz darauf ging die Tür zur Intensivstation auf und eine der Dienst tuenden Schwestern bat sie herein: Anne und Vera konnten jetzt zu Heinrich.

Seine Augen waren geschlossen. Gleichmäßig hob und senkte sich sein Oberkörper im Rhythmus der Beatmungsmaschine. Anne streichelte seine Hand und sprach leise zu ihm. Sie sagte ihm, dass sie es bereue, so lange Zeit keinen Kontakt zu ihm gehabt zu haben, dass sie ihn liebe und dass er ihr immer ein guter Vater gewesen war. Und dass seine kleine Enkelin ihn grüße und zuhause auf ihn warte.

Ihre Tränen tropften auf das Bett. Vera stand neben ihr und hatte die Hand auf ihre Schulter gelegt. Sie sprach kein Wort, sondern schüttelte ständig ihren Kopf.

Das gleichmäßige Geräusch der Beatmungsmaschine, das leise Piepen der Überwachungsgeräte, die Atmosphäre der Intensivstation, die Sorge um ihren Vater und auch das seltsame Verhalten ihrer Mutter machten Anne Angst.

Es war eine unwirkliche Situation. Endlich war die Familie wieder zusammen. Aber unter welchen Umständen?

Es war bereits dunkel, als der Arzt seine nächste Visite durchführte. Jetzt bot sich endlich die Gelegenheit, mit ihm zu sprechen. Im Prinzip wiederholte er das, was er bereits vorhin gesagt hatte. Er fügte allerdings hinzu, dass das EEG, die Laborwerte und das EKG sich in den letzten Stunden dramatisch verschlechtert hätten. Die Überlebenschancen seien sehr gering. Man würde für Heinrich natürlich tun, was man konnte. Im Überlebensfall wäre aber bereits jetzt sicher, dass eine häusliche Pflege auf keinen Fall mehr in Frage kommen würde.

10. März – *Universitätsklinik, Köln*

Zwischenzeitlich hatte Anne in Erfahrung gebracht, dass der Rettungswagen ihren Vater vom Firmengelände aus in die Klinik gebracht hatte. Nachdem sie lange mit dem Geschäftsführer ihres Vaters telefoniert hatte, war auch der Auslöser des Schlaganfalls klar: der Konkurs der Firma. Herr Fischer betonte immer wieder, wie leid ihm das alles täte, aber er habe es beim besten Willen nicht verhindern können. Immer wieder habe er versucht, ihren Vater über die aktuelle Lage zu informieren, aber irgendwie schien dieser das Interesse an der Entwicklung seiner Firma vollkommen verloren zu haben.

Max kümmerte sich, da Vera offensichtlich mit der Aufgabe überfordert war, um Heinrichs Wohnung. Er entließ die Angestellte, da klar war, dass Heinrich nicht mehr zu Hause würde leben können.

In Veras Begleitung erledigte er verschiedene Bankgeschäfte und übernahm es auch, sich mit dem Konkursverwalter von Heinrichs Betrieb in Verbindung zu setzen. So wie es derzeit aussah, würde die Firma, selbst bei Veräußerung des Inventars und der Firmenimmobilie selbst, also Heinrichs Elternhaus, nicht alle Gläubiger befriedigen können. Wenigstens war sein Privatvermögen durch den Rückzug aus dem Geschäft geschützt.

14. März – *Universitätsklinik, Köln*

Heinrichs Zustand verschlechterte sich zusehends. Anne verbrachte täglich mehrere Stunden an seinem Bett. Sie hatte nur noch wenig Hoffnung, dass er überleben würde. Und nach dem, was der Arzt ihr erklärt hatte, war sie sich auch gar nicht mehr sicher, was sie ihrem Vater wünschen sollte. Sterben oder Leben? Auf jeden Fall wollte sie soviel Zeit wie möglich an seiner Seite verbringen.

Auch Vera ließ sich jeden Tag von Max ins Krankenhaus bringen, blieb aber immer nur kurze Zeit an Heinrichs Bett. Mehr als einmal hatte sie Anne dabei die Hand auf die Schulter gelegt und leise gesagt: „Du wirst sehen, das wird schon wieder." Wollte Vera den Ernst der Situation nicht wahrhaben oder hatte sie noch gar nicht verstanden, wie es um ihren Ehemann stand? Auch die Nachricht, dass Heinrichs Firma pleite war, schien sie nicht weiter zu beeindrucken. 'Vielleicht ist sie durch die Ereignisse einfach überfordert', dachte Anne. 'Mir setzen die letzten Monate auch verdammt zu. Und ich bin gerade mal halb so alt…`

Ein Alarmton riss Anne aus ihren Gedanken. Ihr Puls raste. Sie hielt fest die Hand ihres Vaters, als auf dem Monitor eine rote Lampe blinkte und die Linien des EKG immer ungleichmäßiger wurden. Der Arzt eilte in den Raum und blieb neben Anne stehen. „Es geht zu Ende. Wir werden, wie abgesprochen, jetzt nichts mehr unternehmen", sagte er leise. Augenblicke später zeigte der Monitor eine gerade Linie. Der Arzt stellte das Beatmungsgerät ab. Anne hielt immer noch Heinrichs Hand. Sie durfte noch eine Weile am Bett sitzen bleiben.

Kurz darauf kam Vera ins Zimmer. Sie benahm sich äußerst merkwürdig. Sie lief hin und her und weinte, um im nächsten Moment wieder zu lächeln. Sie ging zum Fenster und schaute eine Ewigkeit schweigend hinaus. Erst als der Arzt sie bat, den Raum nun zu verlassen, ließ Anne endlich Heinrichs Hand los. Sie streichelte ein letztes Mal sein Gesicht. Heinrich sah so friedlich aus.

Dann trat sie zu Vera ans Fenster. „Komm Mutter, wir müssen jetzt gehen", sagte sie und Vera ging widerstandslos mit ihr mit.

15. März – *Universitätsklinik, Köln*

Nachdem die üblichen Formalitäten am nächsten Vormittag erledigt waren, bat Heinrichs behandelnder Arzt Anne noch einmal zu sich. Recht schnell kam er auf Vera zu sprechen. „Ihre Mutter verhält sich sehr außergewöhnlich. Sie sollten darauf hinwirken, dass sie sich umgehend von einem Neurologen untersuchen lässt.

Es könnte sich um eine ernstzunehmende Erkrankung handeln."

„Sie benimmt sich wirklich ziemlich seltsam", stimmte Anne ihm zu. „Aber die vergangenen Monate waren ja auch nicht ohne. Das ist eigentlich kein Wunder."

„Das meine ich nicht. Ihre Verhaltensweise lässt mich sehr an eine Demenz denken. Lassen sie das in ihrer aller Interesse schnellstmöglich von einem Fachkollegen abklären."

Nachdenklich verließ Anne das Krankenhaus.

20. März – *Zarenweg 9, Köln*

Anne und Harald hatten sich um die Beisetzung gekümmert, Vera war dazu nicht in der Lage. Am Tag der Bestattung war der Friedhof voller Menschen. Vera schien völlig überfordert mit der Situation, sie schien überhaupt nicht zu wissen, wie sie sich dem Anlass entsprechend zu verhalten hatte.

Anne war erschöpft und froh, als die Feierlichkeiten vorbei waren und sie mit ihrem Mann und ihrer Tochter endlich wieder zu Hause war.

„Der Arzt aus dem Krankenhaus hatte Recht. Ich muss dringend etwas unternehmen. Mutter ist ja regelrecht verwirrt", überlegte sie laut.

„Wie gut, dass sie eine völlig missratene Tochter hat, die so anders ist, als sie es sich immer gewünscht hat", meinte Harald lächelnd. „Eigensinnig, verantwortungslos und frech."

Gegen ihren Willen musste Anne lachen. „Genau!"

26. März – *Rheinstraße 326, Köln*

Gemeinsam mit Vera wollte Anne Heinrichs Wohnung auflösen. Zu diesem Zweck hatten sie sich in seiner Wohnung verabredet.

Anne war pünktlich vor Ort. Nur Vera kam und kam nicht. Nachdem Anne mehrmals vergeblich versucht hatte, sie auf ihrem Handy zu erreichen, fuhr sie kurz entschlossen zu ihrer Wohnung. Nach mehrmaligem Klingeln surrte endlich der Türöffner und Anne konnte den Lift nach oben nehmen.

„Mutter, wir wollten uns doch vor einer halben Stunde in Vaters Wohnung treffen. Hast du das vergessen?", fragte Anne und sah sich erstaunt um.

Vera machte einen ziemlich ungepflegten Eindruck. Und im ganzen Penthouse herrschte ein furchtbares Durcheinander.

„Wir können es aber auch verschieben, wenn du dich gerade nicht danach fühlst", fügte Anne schnell hinzu und nutzte die Gelegenheit, Vera darauf anzusprechen, dass sie sich nach all den Aufregungen der letzten Monate unbedingt einmal gründlich durchchecken lassen sollte.

Nach langem Zögern stimmte Vera widerwillig zu.

Zum Glück hatte sich Max noch am selben Nachmittag spontan dazu bereit erklärt, sich um die Auflösung von Heinrichs Wohnung zu kümmern und Vera hatte sein Angebot erleichtert angenommen. Wie immer leistete Max schnelle und gründliche Arbeit. Inzwischen hielt er wieder alle Fäden in der Hand. Veras offensichtlich verwirrter Zustand kam ihm dabei sehr entgegen. Alles, was er oder Peter Vera vorlegten, unterschrieb sie widerstandslos. Dass sie ihr dabei ab und zu die Hand führen mussten, weil sie Schwierigkeiten hatte, ihren eigenen Namen zu schreiben, hielt sie nicht davon ab. Die Wohnung war innerhalb weniger Tage geräumt.

12. April – *Zarenweg 9, Köln*

Zwischenzeitlich lag die Diagnose von Veras gründlicher Untersuchung beim Neurologen vor. Anne hatte ihre Mutter begleitet. Im anschließenden Gespräch unter vier Augen klärte der Spezialist Anne über die Tragweite der Diagnose Alzheimer Demenz auf. Kurz umriss er den weiteren Verlauf der Erkrankung, der wenig Hoffnung machte. Eventuell könne eine medikamentöse Therapie die Symptome lindern und im besten Fall den Verlauf verlangsamen. Heilung gäbe es keine.

Die zusätzlichen Informationen, die Anne sich in den nächsten Tagen über die Krankheit beschaffte, beschrieben alle Symptome, die sie bei ihrer Mutter schon seit Längerem festgestellt hatte: Vergesslichkeit, Stimmungsschwankungen, Orientierungslosigkeit, Fehleinschätzungen von Situationen und viele andere Dinge, die sie in der letzten Zeit beobachtet hatte und fälschlicher Weise auf Veras besondere Lebensumstände zurück geführt hatte.

Jetzt wurde ihr auch klar, warum Vera allem Anschein nach keinen Wert mehr auf ihr Äußeres legte, dass sie Gesprächen nicht mehr richtig folgen konnte oder dass sie nur noch selten allein aus dem Haus ging: sie hatte wohl Angst, nicht mehr zurückzufinden.

„Die Prognose bei Menschen, die so früh erkranken, wie ihre Mutter, beschreibt einen baldigen Verfall aller kognitiven Fähigkeiten und den raschen Verlust der Selbstständigkeit. Irgendwann wird wahrscheinlich eine gesetzliche Betreuung und ständige Aufsicht notwendig werden", schloss er seinen Bericht ab.

Anne machte sich große Vorwürfe. Hätte sie mehr Kontakt zu Vera gehabt, wären ihr die Veränderungen sicher früher aufgefallen.

Dann hätte sie auch wesentlich eher handeln können.

14. April – *Krämergasse 24, Köln*

Max hatte mit zunehmender Unruhe beobachtet, wie sich Anne mehr und mehr in das Leben ihrer Mutter einzumischen schien. Er musste unbedingt verhindern, dass sie irgend einen Einblick in seine Machenschaften bekam oder die Mutter gar zu sich holte, um sich noch intensiver um sie zu kümmern.

„Peter. Du musst sofort das Versteckspiel gegenüber Veras Familie aufgeben. Wir haben sonst keine Kontrolle mehr über das, was passiert."

„Und wie hast du dir das vorgestellt? Soll ich bei Anne an die Tür klopfen und ihr sagen, dass ich seit Jahren der Liebhaber ihrer Mutter bin?"

„Natürlich nicht. Ruf sie an und sag, ihr dass du ein sehr guter Bekannter bist, festgestellt hast, dass Vera mit ihrem Leben alleine nicht mehr zurecht kommt und du den Eindruck hast, sie bräuchte dringend Hilfe."

Das leuchtete Peter ein, zumal Max ihm noch einmal nachdrücklich klar gemacht hatte, was passieren würde, wenn ihr bisheriges Vorgehen auffliegen würde.

„Hallo, mein Name ist Peter Gruber, ich bin ein langjähriger Freund Ihrer Mutter. Ich muss Sie unbedingt sprechen."

Anne fiel fast der Hörer aus der Hand. Sie brauchte einen Moment, bevor sie antworten konnte. „Herr Gruber, um was geht es denn?"

„Ich glaube, das ist zu kompliziert, um es am Telefon zu besprechen. Können wir uns vielleicht irgendwo treffen?"

Sie verabredeten sich in einer Espresso-Bar in der Nähe von Veras Wohnung.

15. April – *Bistro Rheinblick, Köln*

Nach einer knappen Begrüßung und der Bestellung von zwei Cappuccino rückte Peter mit dem Grund seines Anrufes heraus. Er schilderte, wie sich Vera in den letzten Monaten, und ganz besonders nach Heinrichs Tod, verändert hatte. Ihre Veränderungen waren mittlerweile noch deutlicher zutage getreten. Bei der kleinsten Unterbrechung des Tagesrhythmus war sie fahrig und nervös geworden. Seit einigen Tagen hatte er sie nachts im Badezimmer sprechen hören: sie hatte sich dort mit ihrer verstorbenen Mutter unterhalten. Auch sonst war ihr Verhalten immer seltsamer geworden. Oft stand sie stundenlang am Fenster und starrte blicklos nach draußen.

Mal behauptete sie auf Nachfragen, keinen Hunger zu haben, mal aß sie die doppelte Portion. Mehrfach hatte sie vergessen, die Kaffeemaschine auszuschalten; größerer Schaden war nur dadurch vermieden worden, dass die entsprechende Sicherung rausgeflogen war.

Vera hatte nach und nach jedes Interesse daran verloren, das Haus zu verlassen und sich mit ihren Freundinnen zu treffen, sie las nicht mehr, hockte nur noch in ihrem Sessel. Bis hierhin hatte Peter das alles mehr oder weniger gut auffangen können, doch jetzt stellte er fest, dass Vera unzusammenhängende Sätze sprach, manche Begriffe nicht mehr richtig benennen konnte. Bei zwei gemeinsamen Besuchen des Cafés am Dom hatte sie den Weg zur Toilette nicht gefunden und war im Hof hinter dem Lokal umhergeirrt.

Zweck seines Anrufes sei es gewesen, Anne diese Symptome zu schildern, da er nicht mehr weiter wisse, aber Vera doch irgendwie geholfen werden müsse.

„Tagsüber mag sie nicht aufstehen und nachts läuft sie durch die Wohnung und reißt alle Türen auf. Was glauben sie, wie oft schon die ganze Nacht die Wohnungstür offen gestanden hat?", fügte er noch hinzu.

„Sie haben ein sehr enges Verhältnis zu meiner Mutter oder?," fragte Anne, die sich ansonsten keinen Reim darauf machen konnte, wieso dieser Mann anscheinend ständig in Veras Nähe war, auch nachts.

Nach einigem Zögern gab er zu, dass er mit Vera schon seit längerem eine Beziehung hatte, aber auf ihren ausdrücklichen Wunsch nie offiziell in Erscheinung getreten war. Außerdem hätten sie nie zusammengelebt, er hätte immer noch seine eigene Wohnung.

Er wüsste zwar darüber Bescheid, dass Anne vorgestern mit Vera beim Arzt gewesen sei, Vera sei aber nicht in der Lage ihm zu erklären, was der Arzt denn nun herausgefunden hatte. Jetzt sah er es als seine Pflicht an, mit Anne als nächstem Angehörigen Kontakt aufzunehmen und seine Hilfe anzubieten.

Anne hatte mit fast allem gerechnet, aber nicht mit einer solchen Schilderung. Die Symptome, die Peter ihr beschrieb, waren ja noch viel schlimmer als die, die sie selbst schon beobachtet hatte.

Sie war erschüttert. Wie oft hatte sie ihre Mutter verwünscht, nach dem, was sie ihrem Vater und auch ihr vermeintlich angetan hatte mit ihrem plötzlichen Verschwinden, dem Verkauf der Villa und auch mit ihrer ewigen Ignoranz. Aber ihre Mutter war schwer krank und brauchte dringend Hilfe. Plötzlich sah sie sich einer Situation gegenüber, die sie im Moment völlig überforderte.

„Was schlagen sie vor, Herr Gruber?", fragte sie.

„Ich weiß ja immer noch nicht, welche Diagnose gestellt worden ist. Oder gibt es gar keine?"

„Mutter hat Alzheimer", sagte Anne und führte kurz aus, was sie von dem Arzt erfahren und welche zusätzlichen Informationen sie sich noch beschafft hatte.

„Mein Gott, das ist ja schrecklich", sagte Peter leise. Er war sichtlich betroffen. „Welche Möglichkeiten der Therapie oder Hilfe gibt es denn?"

Auch hier griff Anne auf die erhaltenen Informationen des Arztes zurück.

„Es ist wichtig, dass sie ihre Medikamente regelmäßig nimmt. Sie wissen ja sicherlich, dass Mutter sich ihr Leben lang geweigert hat, Tabletten zu schlucken. Deshalb ist ihr das Medikament auch als Lösung verschrieben worden. Es ist äußerst wichtig, dass die Tropfen ganz genau abgezählt werden. Ich habe sie erst gestern in der Apotheke bestellt und muss sie gleich abholen. Ich bin mir aber nicht sicher, ob Mutter überhaupt noch in der Lage ist, diese genau zu dosieren und regelmäßig einzunehmen."

„Das könnte ich doch übernehmen", schlug Peter vor.

„Warum eigentlich nicht? Sie würden mir damit eine große Sorge abnehmen. Denn wenn das so nicht klappt, müssen wir uns eine andere Lösung einfallen lassen. Eine Möglichkeit wäre es, Vera zu uns zu nehmen. Aber, ehrlich gesagt, das möchte ich nicht. Schon wegen meiner kleinen Tochter…"

„Das kann ich gut verstehen. Aber wenn die Medikamente wirken, dann wird das ja auch gar nicht nötig sein. In der Zwischenzeit helfe ich gerne, wo ich kann."

Die beiden beschlossen, es zunächst auf diesem Wege zu versuchen. Peter begleitete Anne zur Apotheke.

Die Apothekerin überreichte Anne die bestellten Medikamente. „Es ist äußerst wichtig, dass ihre Mutter die Lösung auf den Tropfen genau einnimmt. Nicht zuviel und nicht zu wenig. Und vor allem immer zur gleichen

Zeit. Am besten morgens. Und setzen sie das Präparat auch bei auftretenden Nebenwirkungen auf keinen Fall ab. Das kann fatale Folgen für den Gesundheitszustand ihrer Mutter haben. Es ist von entscheidender Bedeutung, dass sie diese Dinge wirklich beherzigen", fügte sie noch einmal mit Nachdruck hinzu.

Als Anne die Apotheke verließ, fühlte sie sich irgendwie erleichtert. Peter machte ihr Mut: „Ein Grund mehr, es so zu machen, wie abgesprochen. Ich werde ihr jeden Morgen die Medikamente geben und ganz genau auf die Dosierung achten", versprach er. „Außerdem sollten wir regelmäßig telefonieren und uns weiterhin absprechen, meinen sie nicht?" Zum Abschied gab er Anne die Hand.

Harald war mehr als überrascht, als Anne ihm abends von Peter erzählte. „Also stimmt das ja doch, was deine Schulkameradin Ulla beobachtet hat. Sie hatte doch deine Mutter mit einem wesentlich jüngeren Mann in trauter Zweisamkeit in irgendeinem Restaurant gesehen. Erinnerst du dich?"

„Stimmt! Ich hatte gar nicht mehr daran gedacht. Ist schon alles sehr merkwürdig".

16. Mai – *Zarenweg 9, Köln*

Zunächst schien sich trotz der medikamentösen Behandlung bei Vera nicht viel zu verändern. Max stellte mit Freuden fest, dass die Nebenwirkungen wohl stärker waren, als die tatsächliche Wirkung des Medikaments. Er war zufrieden.

Nach einiger Zeit jedoch ließen die Nebenwirkungen

nach. Vera schien es wieder besser zu gehen.

Sie stellte unangenehme Fragen, wenn Max wieder einmal eine Unterschrift von ihr brauchte. Immer häufiger verweigerte sie ihm diese, weil sie mit seinen Antworten nichts anzufangen wusste.

Durch Veras Misstrauen wurde Maximilians betrügerisches Vorgehen zunehmend erschwert. Es sollte aber noch brenzliger für ihn werden: eines Tages stand sie im Morgengrauen bereits vollständig angezogen in Mantel und Hausschuhen an der Wohnungstür. „Ich will zur Bank, für Jürgen Geld abheben", protestierte sie laut, als Peter sie nur mit sanfter Gewalt von ihrem Vorhaben abbringen konnte.

30. Mai – *Krämergasse 24, Köln*

Max verlor die Geduld. „Wir müssen sofort etwas unternehmen. Die bringt uns noch alle in Teufels Küche mit ihrem unkontrollierten Geschwätz."

„Und was schlägst du vor?" Peter mochte es nicht, wenn Max so abfällig über Vera sprach.

„Das weiß ich nicht! Vielleicht liegt es an den Medikamenten."

„Dann setzt sie doch einfach ab", schlug Jürgen vor.

Zu ihrer beider Überraschung protestierte Peter jedoch. „Das mache ich nicht. Das geht zu weit. Ihr habt doch gehört, was die Apothekerin sagt. Es hätte schlimme Auswirkung auf Vera, wenn wir die Medikamente absetzen. Das könnt ihr nicht von mir verlangen."

Max sah ihn eiskalt an. „Da wird dir kaum was anderes

übrig bleiben, als über deinen plötzlich erwachten moralischen Schatten zu springen. Du kannst jetzt nicht mehr aussteigen. Du steckst noch viel tiefer drin, als Jürgen und ich. Vergiss das nicht. Jetzt, wo auch Anne weiß, dass du viel mehr als nur ein entfernter Bekannter ihrer Mutter bist. Da brauche ich im Ernstfall nur dafür zu sorgen, dass das eine oder andere zur Sprache kommt. Dass die Spur zu dir führt. Glaub´ mir, da fällt mir garantiert was ein. Und denk´ auch noch einmal in Ruhe darüber nach, ob du in Zukunft lieber weiterhin auf großem Fuß oder lieber in einer kleinen Zelle leben willst."

„Und was ist, wenn Anne dahinter kommt?"

„Wie sollte sie? Wir tauschen die Tropfen einfach aus gegen eine Flüssigkeit mit gleicher Konsistenz und Farbe, damit es nicht auffällt und bei der sich die Tropfen genauso gut abzählen lassen."

„Genau so". Max war sehr zufrieden. So einfach konnten die Dinge manchmal sein. „So bekommt Vera weiterhin täglich ihre Tropfen. Nur nützen werden sie nichts mehr."

Wortlos stand Peter auf und verließ die Wohnung. Er steuerte die nächstbeste Bar an und ging erst sehr spät nach Hause.

Er hatte seine Entscheidung getroffen.

Von nun an tauschte er den Inhalt der Medikamentenfläschchen gegen eine wirkungslose Flüssigkeit aus.

10. Juli – Rheinstraße 326, Köln

Alle Unterlagen, Belege oder Dokumente, die nur annähernd hätten verräterisch sein können, mussten dringend verschwinden. Das war die nächste Aufgabe, die Peter von Max und Jürgen bekam.

Vor allen Dingen sollte alles weg, was Veras Verbindungen zu Jürgen oder Max in finanzieller Hinsicht belegte. Und Peter war gut beraten, wenn er auch Belege verschwinden ließ, die ihn betrafen.

So hatte er in den letzten Wochen viele Nächte in Veras Wohnzimmer verbracht und jedes Blatt umgedreht. Viel war es nicht gewesen, was er fand, dafür hatte Max ja ohnehin schon immer gesorgt. Zur Vorsicht jedoch nahm er alle Unterlagen, die er finden konnte, mit und übergab sie Jürgen, der sie nach kurzer Durchsicht gewissenhaft in seinem Bankbüro durch den Schredder schickte.

Alles war bedacht worden, alles war erledigt. Das Trio hatte die Situation wieder voll im Griff. Trotz der veränderten Situation. Ab sofort war es auch Peter, der Vera zum Arzt fuhr. So konnten sie sicher sein, dass dort nichts besprochen wurde, was ihnen und ihrem Plan irgendwie gefährlich werden könnte. Besonders wichtig aber war, dass Peter die ausgestellten Rezepte direkt an sich nahm. Auf diese Weise konnte er die Flüssigkeiten zuverlässig austauschen.

Wie hätten sie auch ahnen sollen, dass ihnen Vera in ihrer Verwirrtheit einen dicken Strich durch die Rechnung gemacht hatte?

2008

23. Juli – Zarenweg 9, Köln

Häufig hatte Anne den Eindruck, als wollte Vera ihr etwas erzählen, aber dann reihte sie nur mehrere unvollständige Sätze sinnlos aneinander. Wenn Anne vorsichtig versuchte nachzufragen, reagierte Vera äußerst aggressiv.

Anne war ratlos. Sie rief den Neurologen ihrer Mutter an und fragte ihn um Rat.

Er erklärte ihr, dass Wortfindungsstörungen und Aggressionen sehr häufig im Verlauf der Erkrankung auftreten würden. Den Rückgang der geistigen Leistungsfähigkeit ihrer Mutter konnte er auch anhand der Routinekontrollen bestätigen.

„Nimmt ihre Mutter das Medikament denn noch regelmäßig ein?"

„Auf jeden Fall, dafür wird gesorgt."

„Es kann durchaus sein, dass die Krankheit bei ihrer Mutter wesentlich schneller verläuft. Denn im Verlauf gibt es durchaus Unterschiede."

Anne konnte es drehen wie sie wollte: sie musste sich mehr um ihre Mutter kümmern. Es war auch trotz Peters Hilfe nicht zu übersehen, dass es ihr zusehends schlechter ging.

In dieser Zeit hatte sie auch noch einmal erwogen, ihre Mutter vielleicht doch bei sich aufzunehmen. Aber bei allem, was sie gelesen hatte, sträubte sie sich dagegen.

Auch Harald lehnte diesen Gedanken kategorisch ab; er konnte nicht vergessen, was Vera ihnen allen angetan hatte. Er gab ihr sogar heimlich die Schuld an Heinrichs Tod, denn sie hatte dessen Gesundheit mit ihrem Verhalten regelrecht zugrunde gerichtet. Aus diesen Gründen schlug Harald vor, über die Unterbringung in einem Heim nachzudenken.

Als Max von dieser Überlegung erfuhr, war er tief beunruhigt. Sollte Vera tatsächlich in einem Heim untergebracht werden, wäre sie außerhalb seines Kontrollbereiches. In einem persönlichen Gespräch sollte Peter noch einmal auf Anne einwirken und gemeinsam mit ihr einen Versorgungsplan für Vera in den eigenen vier Wänden erarbeiten.

Anne war von einer reibungslosen Durchführung dieses Plans allerdings nicht überzeugt. Sie hatte gerade wieder damit begonnen, im expandierenden Unternehmen ihres Mannes mitzuarbeiten, da Marie mittlerweile im Kindergarten war.

Zudem hatte sie sich bereits verschiedene Einrichtungen angesehen, die sich auf die besonderen Bedürfnisse von demenzkranken Menschen spezialisiert hatten.

Für einen Umzug wäre es allerdings erforderlich, die gesetzliche Betreuung für ihre Mutter zu übernehmen. Das sei bei dem fortgeschrittenen Stadium der Erkrankung aber reine Formsache, versicherte ihr der Leiter der in Frage kommenden Einrichtung. Er blickte von seinen Unterlagen auf und schaute Anne an: „Und sie sind sicher, dass eine Unterbringung bereits zum jetzigen Zeitpunkt unvermeidbar ist? Schließlich geben sie einen geliebten Menschen in fremde Hände."

Anne hatte nur kurz gezögert und dann entschlossen geantwortet: "Glauben Sie mir, ich habe mir diese Entscheidung nicht leicht gemacht. Aber ich habe auch eine Verantwortung meiner eigenen Familie gegenüber. Und wie ich mittlerweile auch von verschiedenen Experten erfahren habe, ist eine Unterbringung in einer spezialisierten Einrichtung nicht unbedingt die schlechteste Lösung. Besser auf jeden Fall, als sie zu Hause sich selbst zu überlassen. Das, was hier geleistet wird, können wir im häuslichen Bereich gar nicht auffangen, auch nicht mit zusätzlichem Personal. Die anfallenden Kosten dürften übrigens kein Problem darstellen, bei Mutters Vermögensverhältnissen. Auch, wenn die ja nicht gerade unerheblich sind".

Sie vereinbarten, dass Vera in die Warteliste aufgenommen würde, sobald Anne die gesetzliche Betreuung übernommen hätte.

31. August – Krämergasse 24, Köln

Natürlich hatte Max unbedingt verhindern wollen, dass Anne zur gesetzlichen Betreuerin ihrer Mutter würde. So hatte er sich beim Betreuungsgericht erkundigt, wer neben den Kindern grundsätzlich noch zum gesetzlichen Betreuer werden könnte. Er hatte die Auskunft erhalten, dass einem Lebensgefährten, der mit dem Erkrankten in einer eheähnlichen Gemeinschaft lebe, unter bestimmten Voraussetzungen der Vorzug gegeben werden könnte.

Zähneknirschend musste er mit ansehen, wie Anne zur gesetzlichen Betreuerin ihrer Mutter bestellt wurde. Damals, als mit dieser Entwicklung überhaupt nicht zu rechnen war, war er ja derjenige gewesen, der Peter immer wieder dazu überredet hatte, seine eigene Wohnung beizubehalten und nie in der Öffentlichkeit als Lebensgefährte aufzutreten.

2009

24. Januar, Haus Bergengrün, Köln

Es war soweit. Vera wurde in der Einrichtung herzlich aufgenommen und schien sich in ihrem neuen Umfeld sichtlich wohl zu fühlen und ihr bisheriges Leben einfach vergessen zu haben.

Peter besuchte sie regelmäßig, darauf hatte Max bestanden. „Sicher ist sicher", hatte er nur zur Begründung gesagt.

Maximilians Befürchtungen, dass Vera im Heim wieder ordnungsgemäß medikamentös behandelt werden könnte und vielleicht dann doch noch etwas ausplaudern würde, stellten sich zu seiner großen Erleichterung als unbegründet heraus. Der Hausarzt, der die Einrichtung betreute, setzte bei Einzug der Bewohner grundsätzlich sämtliche Antidementiva ab. Als Begründung gab er an, dass eine weitere medikamentöse Behandlung keinen Sinn mehr machen würde und außerdem sei das in diesem Stadium der Erkrankung gängige Praxis. Besonders bei einer stationären Unterbringung.

Anne hatte dem nichts entgegen zu setzen, er war ja schließlich der Fachmann hier. Und dass ihre Mutter schon lange gar keine medikamentöse Therapie mehr erhalten hatte, wusste sie ja nicht.

Als Max Vera eines Tages einmal besuchte, reagierte sie ungewöhnlich heftig, als er ihr Zimmer betrat. Die

Pflegerin erzählte Anne später, dass sie den Eindruck hatte, ihre Mutter wollte ihr unbedingt etwas Wichtiges mitteilen. Wegen des Sprachverlustes könnte man aber nur Vermutungen darüber anstellen, was. Der Besuch habe sie auf jeden Fall sehr aufgeregt.

9. Februar – *Zarenweg 9, Köln*

Nachdem Anne sich dazu entschlossen hatte, ihre Mutter in einer Pflegeeinrichtung unterzubringen, hatte Harald versucht, in den wenigen Unterlagen, die sie bisher von Vera gefunden hatten, festzustellen, wie es um die Vermögensverhältnisse seiner Schwiegermutter bestellt war. Zu diesem Zeitpunkt waren er und Anne noch davon ausgegangen, dass Veras Einkünfte und Vermögen mehr als ausreichten, um sie angemessen pflegen und versorgen zu lassen.

Bisher hatte Anne allerdings nur einige Kontoauszüge von Veras Giro-Konten zur Hand. Aus diesen ging eindeutig hervor, dass ihre Zinseinkünfte allein auf keinen Fall zur Deckung der monatlichen Kosten ausreichen würden. Harald brauchte einen Überblick über das gesamte Vermögen von Vera. Das Geld, das sie von Heinrich erhalten hatte, der Erlös aus dem Verkauf der Villa, die in bar geflossenen 800.000.-, der Rest von Heinrichs Vermögen, das ihr nach seinem Tod als Erbe zugefallen war und außerdem der Wert ihres Penthouses und die Renten. Alles zusammen genommen musste weit mehr sein, als das, was zur Zahlung der Heimkosten notwendig war.

Der Ordner mit den Unterlagen über die Penthouse-Wohnung hatte sich relativ schnell gefunden. Sein Rücken war zwar mit der Aufschrift „Die schönsten Rezepte der Kölschen Küche" beschriftet und Anne hatte ihn eher zufällig in Veras Küche entdeckt, aber unter den gegebenen Umständen hatte sich niemand weiter darüber gewundert.

„Na, immerhin", meinte Harald, nachdem die eine Akte allem Anschein nach die einzigen brauchbaren Unterlagen enthielt. Außer diesem einen Ordner hatten sie in der ganzen Wohnung keinerlei weitere Belege oder Korrespondenz finden können. Es war ihnen allerdings beim intensiven Durchsuchen der Schränke aufgefallen, dass große Teile der überaus wertvollen van Reegh'schen Porzellansammlung fehlten.

Als er jedoch die Akte sichtete, verschlug es ihm die Sprache. Er blätterte kopfschüttelnd die Unterlagen durch. „Ich glaube es nicht. Die Wohnung ist überhaupt nicht bezahlt! Im Gegenteil, sie ist größtenteils mit einem Hypothekendarlehen finanziert. Wieso ist die nicht bezahlt worden?"

„Hier stimmt sowieso etwas nicht", bestätigte Anne. „Wo sind die ganzen anderen Unterlagen? Wo sind Vaters Akten? Sie hat doch alles geerbt nach seinem Tod!"

„Zu der Wohnung gehört doch auch ein Keller. Lass uns da noch mal nachschauen", schlug Harald vor. „Hiermit kommen wir jedenfalls keinen Schritt weiter." Er klappte den Ordner zu.

„Im Keller? Warum sollte sie diese Unterlagen im Keller aufbewahren? Sie hatte doch oben Platz genug."

Harald sollte Recht behalten. In der hintersten Ecke des voll gestopften Kellerraumes befanden sich jede Menge Papiere, die völlig unsortiert in zwei großen Umzugskartons unter einem Stapel alter Zeitungen deponiert waren. Aktenordner, die seit Jahren nicht mehr geführt worden waren. Kassenbons, Rechnungen, Kontoauszüge, Garantiescheine, Reiseunterlagen und vieles mehr waren kunterbunt durcheinander in den Kartons aufeinander geschichtet. Dazwischen fanden sich, in Zeitungspapier eingewickelt, auch zwei enorm wertvolle Schmuckstücke aus Veras Besitz: ein Brillantcollier und ein dazu passender Ring. Anne erkannte sofort den Schmuck, den Heinrich ihrer Mutter vor Jahren zu Weihnachten geschenkt hatte. Sie war schockiert.

Harald hatte einen großen Ausziehtisch in sein Arbeitszimmer gestellt und fing an, die Papiere zu sortieren. Stoßweise sortierte er die verschiedenen Belege. Ein paar lange Abende später war der eine Umzugskarton leer, in dem zweiten befanden sich nur noch Fotos, Ansichtskarten und Reiseführer.

Als Anne hereinschaute, wies er auf den Tisch, der unter den Papierbergen kaum mehr zu erkennen war.

„Vollständig ist, meiner Ansicht nach, der gesamte Schriftverkehr über die Unterhaltsforderungen zwischen Heinrich und Vera. In dieser Akte hier befindet sich alles über den Verkauf des Anwesens und hier sind alle

Unterlagen zum Begräbnis von Heinrich, einschließlich der Rechnungen und Urkunden zur Grabstätte. Mit diesem Packen hier, das sind Rechnungen von Einkäufen in Modehäusern und Boutiquen, will ich mich später beschäftigen. Vordringlich scheinen mir die Kontoauszüge und die Unterlagen über Veras diverse Konten zu sein. Aber ich habe nicht einen einzigen Hinweis zu Heinrichs Konten und Vermögenswerten gefunden, die sind alle weg! Außerdem habe ich keine Ahnung, was Vera mit dem ganzen Geld eigentlich gemacht hat, beziehungsweise, wo es ist. Das ist, als hätte sich alles in Luft aufgelöst."

„Was heißt: in Luft aufgelöst? Das Vermögen oder die Belege und Nachweise?"

„Zunächst einmal alle Nachweise. Vermutlich wurde alles auf Veras Konten übertragen. Da müsste man eigentlich dann die Gutschriften finden. Hoffe ich jedenfalls."

Anne hatte sich stumm über den Karton mit den Fotos gebeugt, nahm das eine oder andere Bild heraus und betrachtete es. Dann machte sie mit einer hastigen Bewegung den Karton wieder zu und drehte sich weg. Sie wollte sich mit der Vergangenheit nicht mehr beschäftigen, als unbedingt nötig. Viel zu viel war in den vergangenen Monaten passiert.

1. März – *Haus Bergengrün, Köln*

Regelmäßig fuhr Anne in das Seniorenstift, um ihre Mutter zu besuchen. Es war bedrückend, mit zu erleben, wie die Krankheit ihre Persönlichkeit zerstörte und doch gab es immer wieder Momente, wo Veras Gesten sie an früher erinnerten. An ganz früher, als sie selbst noch ein kleines Kind war.

Wie sie von den Mitarbeitern des Wohnbereichs erfahren hatte, kam auch Peter regelmäßig zu Besuch. Den wahren Grund hierfür ahnte Anne natürlich nicht.

14. März – *Zarenweg 9, Köln*

Harald kam nur langsam voran. Die Unterlagen von Veras ehemaligen Konten bis kurz vor ihrem Auszug aus der van Reegh'schen Villa waren zwar komplett und schienen seit Jahren unangetastet geblieben zu sein. Demnach waren alle bekannten Konten aufgelöst und nur ein unbedeutender Bruchteil des eigentlich zu erwartenden Guthabens auf zwei neue Konten verteilt worden.

Auch die Zahlung des Verkaufserlöses für das Anwesen war nachvollziehbar. Nur wenige Tage nach diesem Datum war eine horrende Summe mit einem Barscheck gezahlt worden. Das konnte nur die Begleichung für Veras teure Pelzmäntel gewesen sein. Ein weiterer Teil des Verkaufserlöses war in Wertpapieren angelegt worden. Soweit Harald die Kontoauszüge deuten konnte, hatte es wohl auch Goldankäufe gegeben.

Der größte Teil des erheblichen Vermögens jedoch war in bar abgehoben worden und blieb spurlos verschwunden. Was blieb, waren nur die Auszahlungsbelege in meist fünfstelliger Höhe.

„Anne, kannst du mal schauen?", rief Harald. Er zeigte ihr die Dokumente.

„Hatte dein Vater damals nicht am Telefon gesagt, dass ein gehöriger Teil des Verkaufspreises außerhalb des Notarvertrages in bar geflossen ist? Ich finde darüber keine Unterlagen und auch keine Zahlungseingänge."

„Keine Ahnung. Ich hatte ihm damals nur gesagt, er müsse wissen, was er tue und mich nicht weiter darum gekümmert. Außerdem war ich sauer. Aber seltsam ist schon, wenn das Bargeld nirgendwo auftaucht. Das waren immerhin 800.000.-"

Von Veras Konten waren in unregelmäßigen Abständen große und teilweise auch sehr große Summen in bar abgehoben worden. Die Summen lagen immer knapp unterhalb des Betrages, für den man, bei Einzahlung auf ein anderes Konto, Nachweise entsprechend dem Geldwäschegesetz hätte vorlegen müssen. Hinter diesen Transaktionen musste ein schlauer Kopf gesteckt haben. Wohin die Gelder dann aber eingezahlt worden waren, war aus keinem vorhandenen Beleg erkennbar. Es gab auch Hinweise auf ein Bankschließfach. Über dessen Inhalt und dessen Standort jedoch fehlte jede Spur. Das war anscheinend irgendwann auch aufgelöst worden, denn es erfolgten keine Abbuchungen der Nutzungsgebühren mehr.

Es existierten mehrere Sparbücher, auf die in den ersten Jahren regelmäßig, später unregelmäßig, Beträge in bar eingezahlt worden waren, was auf die Auszahlung einer Dividende, einer Rendite oder etwas Ähnlichem hindeutete. Aber ein Rückfluss des zugrunde liegenden Stammkapitals, zumindest auf die bekannten Konten, hatte nie statt gefunden. Ebenso gab es keinen Hinweis darauf, wo die Summen deponiert worden sein könnten.

Das Geld war einfach weg.

Harald schwirrte der Kopf. Um sich abzulenken, griff er nach den Reiseunterlagen. Vera hatte alles gesammelt. Da gab es noch Buchungsbestätigungen aus der Zeit, als sie noch gemeinsam mit Heinrich verreist war. Nachdem er die Reiseunterlagen grob nach Jahrgängen geordnet hatte, fiel ihm mehr zufällig auf, dass Vera bereits Jahre vor der Trennung damit begonnen hatte, ihre Voraus- und die Schlusszahlungen für die Reisen im Reisebüro in bar zu bezahlen. Er suchte weiter und stellte schließlich fest, dass es grundsätzlich zwei Rechnungen für die gleiche Reise gab. Die zweite lautete immer auf Peter Gruber. Diese Zahlungsmethode hatte sie bis zu ihrer letzten Reise durchgehalten. Sie hätte also immer auch einen Beleg vorweisen können, dass sie allein gereist war.

Harald saß matt in seinem Lieblingssessel im Wohnzimmer und erstattete Anne Bericht. „Deine Mutter hatte schon lange vor der Trennung von deinem Vater ein Verhältnis mit Peter Gruber. Das ist eindeutig aus den Reiseunterlagen und auch auf Bildern zu erkennen, die ich gefunden habe, in dem zweiten Karton."

Das wollte Anne eigentlich gar nicht wissen. „Und wie sieht es mit Mutters Finanzen aus?"

Das Ergebnis von Haralds Recherchen war, dass Veras monatliche Einkünfte alleine nicht genügten, um die Heimkosten zu bestreiten. Nur durch diese vorhandenen Sparbeträge konnten die Belastungen für einige Zeit gedeckt werden und es blieb auch noch etwas Geld für die notwendigen sonstigen Auslagen.

„Da das Penthouse nur zu einem ganz geringen Teil

bezahlt ist, ist bei einem Verkauf kein großer Gewinn zu erwarten. Die beiden Schmuckstücke, die wir gefunden haben, solltest du nicht verkaufen. Sie sind das einzige, was dir von dem Familienschmuck geblieben ist. Außerdem würde der Erlös hiervon ja auch nicht ewig reichen", fügte er noch hinzu. „Die Antiquitäten allerdings könnten wir über ein Auktionshaus zum Verkauf anbieten lassen. Es sei denn, du möchtest das eine oder andere behalten, weil es ja schließlich aus deinem Elternhaus stammt."

„Was nutzen mir die teuren Möbel, wenn wir uns für Mutters monatliche Kosten finanziell zur Decke strecken müssen. Gerade jetzt, wo du die Firma vergrößert hast. Nur die Vitrine aus dem 18. Jahrhundert möchte ich gerne behalten, auch wenn nur noch ein paar kleine Stücke von der Porzellansammlung vorhanden sind."

Sie schnaufte. „Wir können es drehen und wenden, wie wir wollen, Harald: das Haus am Chiemsee müssen wir verkaufen, um die Mittel für Veras Unterbringung aufbringen zu können."

„Bis jetzt habe ich aber immer noch keine Unterlagen über das Sommerhaus gefunden. Rufst du bei Klara und Ludwig an, ob im Haus noch entsprechende Akten sind?" Mit einem Seufzer stand Harald auf und machte sich am Kamin zu schaffen. „Fassen wir noch einmal zusammen: vom Vermögen deiner Mutter keine Spur und von den Konten deines Vaters kein einziger Beleg vorhanden. Deshalb ist auch nicht nachvollziehbar, was mit seinem Vermögen geschehen ist", erklärte er und stocherte in dem aufgeschichteten Holz herum. „Du als gesetzliche Betreuerin deiner Mutter solltest bei der Bank nachfragen, ob es aufgelöste Konten gibt und ob man dir die alten Unterlagen nicht kopieren und aushändigen kann." Endlich züngelte die erste Flamme empor.

„Gute Idee", meinte Anne und reichte Harald ein Glas Portwein. „Dann kann ich auch gleich zu Vaters Bank gehen und ebenfalls nach den Konten forschen. Der Bankdirektor ist ein alter Freund der Familie."

Sie stießen an und sahen sich dabei tief in die Augen.

15. März – Zarenweg 9, Köln

Bereits am nächsten Vormittag machte sich Anne auf den Weg zu den Banken. Vorsichtshalber hatte sie die Bestellungsurkunde des Betreuungsgerichtes mitgenommen, die auch den Aufgabenkreis der Vermögenssorge mit einschloss. Sie musste sie aber nicht vorlegen.

Problemlos stellte sie ein Auskunftsersuchen. Die Recherchen würden zwar etwa eine Woche dauern, aber dann könnte sie Kopien der mikroverfilmten Unterlagen der letzten 10 Jahre abholen. Ein Lichtblick.

Auf dem Rückweg fuhr Anne kurz an Veras Penthouse vorbei, um nach dem Rechten zu sehen. Sie nahm die wenige Post aus dem Briefkasten und machte sich dann auf den Heimweg.

Harald saß an seinem Schreibtisch und beschäftigte sich mit Unterlagen aus seiner Firma, die in den letzten Tagen liegen geblieben waren.

Anne war direkt in sein Büro gegangen, um ihn über ihre Erfolge zu informieren. Sie berichtete kurz, dass sie in Veras Penthouse nach dem Rechten geschaut habe und holte dabei die Post, die im Briefkasten gelegen hatte, hervor. Neben verschiedenen Rechnungen und Mahnungen war auch ein Brief der Chiemgauer Genossenschaftsbank dabei.

Man teilte mit, dass Vera mit den Zinsen und der Tilgung der Hypothek für das Anwesen in Prien im Verzug sei. Man bat dringend darum, die wiederholt angemahnten ausstehenden Zahlungen umgehend anzuweisen und den eingegangenen Verpflichtungen wieder regelmäßig nachzukommen. Anderenfalls müsste die Hypothek gekündigt werden. Im schlimmsten Fall drohe eine Zwangsversteigerung.

„Ich glaube das einfach nicht", rief Anne entsetzt. „Ich weiß genau, dass das Anwesen schuldenfrei war!"

Harald griff zum Telefonhörer und rief Herrn Huber, den Filialleiter, an. Dieser bat nur darum, ihm kurzfristig die Betreuungsverfügung zuzufaxen, bevor er Auskunft erteilen dürfe. Nachdem das erledigt war, meldete sich Herr Huber umgehend wieder bei Anne und Harald zurück.

Er teilte mit, dass das Haus mit einer Hypothek in Höhe von 1,2 Millionen belastet sei. Dafür seien monatliche Raten in Höhe von ca. 7.000,- fällig. Vera als alleinige Eigentümerin des Anwesens sei ihren Zahlungsverpflichtungen für die Hypothek seit nunmehr vier Monaten nicht mehr nachgekommen. Auch ihr Girokonto wäre weit über den Kreditrahmen überzogen.

„Seit wann besteht denn diese Hypothek?", fragte Harald geistesgegenwärtig.

Herr Huber nannte ein Datum, das nur wenige Wochen nach Heinrichs Tod lag. Die notarielle Beurkundung hatte ein Kölner Notar durchgeführt.

Anne und Harald sahen sich fassungslos an. Harald bedankte sich und legte dann auf. Dann meinte er entschieden: „Irgendetwas ist hier oberfaul. Ich kann mir nicht vorstellen, dass Vera das gesamte Vermögen auf den Kopf gehauen hat. Ich traue ihr wirklich viel zu. Aber das nicht. Sie war ja schließlich auch immer auf eine gewisse materielle Sicherheit erpicht."

„Was meinst du damit? Glaubst du, dass jemand ganz anderes dahinter steckt?"

„Ich kann dir das nicht genau sagen, aber ich werde das Gefühl nicht los, dass hier eine riesige Sauerei im Gange ist."

„Und wer sollte das beispielsweise sein?"

„Das weiß ich im Moment noch nicht."

„Und wie gehen wir weiter vor?"

„Verkaufen wird das Beste sein. Diese Riesenbelastung können wir uns nach der Erweiterung der Firma nun wirklich nicht leisten."

2. April – *Zarenweg 9, Köln*

Die Unterlagen von Veras Bank brachten keine neuen Erkenntnisse. Es gab keine weiteren Konten, keine Sparbücher oder Sparbriefe mehr und auch das Bankschließfach war längst gekündigt und geräumt.

Veras Vermögen aber blieb verschwunden. Hatte sie wirklich alles ausgegeben?

Das Paket mit den Unterlagen über Heinrichs Konten war entschieden dicker. Viel Arbeit für Harald. Es enthielt die Kopien sämtlicher Kontenbewegungen der letzten 10 Jahre aller Privatkonten, die bei dieser Bank auf Heinrichs Namen existiert hatten.

Nach und nach bekam Harald einen umfassenden Überblick. Er fand den Zahlungseingang der Hälfte des Verkaufserlöses von Annes Elternhaus, in seiner Erinnerung war der Kaufpreis allerdings viel höher gewesen. Er machte sich eine Notiz, um das später genauer zu prüfen.

Heinrich war nie knauserig gewesen, auch nicht nach seinem Umzug in die Stadtwohnung. Selbst als die Zahlungen aus dem Betrieb, bedingt durch die immer schlechter werdende Auftragslage, zurückgingen, hatte er nicht unbedingt ans Sparen gedacht.

Harald fand Auszahlungen von Zinsen und Dividenden und auch die Gebühren für ein Schließfach bei der Bank. Alle Konten waren innerhalb weniger Wochen nach Heinrichs Tod aufgelöst worden. Ebenso das Schließfach. Kleinere Geldbeträge waren zu Veras Konto transferiert worden. Die Masse aber war von Vera in bar abgehoben worden, wie aus den Auszahlungsscheinen ersichtlich war. Auf allen Auszahlungsscheinen fiel auf, dass sich die Unterschrift Veras zu diesem Zeitpunkt bereits erheblich verändert hatte.

Also musste Vera auf jeden Fall persönlich bei der Bank

aufgetaucht sein, sonst hätte man die Anweisungen mit der veränderten Unterschrift sicherlich nicht anerkannt. Die Eingänge von Überweisungen auf Veras Konto waren anhand ihrer Kontoauszüge nachzuvollziehen. Weit und breit waren keine größeren Beträge zu finden. Die wichtigsten Unterlagen und Belege erörterte Harald mit Anne.

„Zunächst einmal bin ich über eine Ungereimtheit gestolpert. Ich hatte den Beleg mit dem Zahlungseingang von Heinrichs Hälfte des Hausverkaufes gefunden und war wegen der Höhe des Betrages stutzig geworden. Nach dem entsprechendem Abgleich mit Veras Kontoauszug wusste ich auch, warum. Veras Anteil war höher. Den Grund fand ich dann im Kaufvertrag. Beide erhielten zwar die Hälfte, aber Heinrich sollte die gesamten Nebenkosten tragen, die dann auch von seinem Anteil abgezogen wurden. Und genau wie bei Vera habe ich bei den Konten Deines Vaters keinen Eingang eines zusätzlichen Barbetrages gefunden."

Anne reagierte relativ gelassen: „Ich war mir immer sicher, dass da etwas faul war, ansonsten hätte meine Mutter nicht auf einen so schnellen Verkauf – und vor allen Dingen ohne unsere Beteiligung – gedrungen."

Harald erklärte Anne noch, was offenbar aus Heinrichs Anteil geworden war: ein großer Batzen war nach und nach für die Miete der Stadtwohnung verbraucht worden, ein weiterer Teil für Personalkosten. Als dann die Einnahmen aus dem Betrieb geringer wurden, hatte Heinrich ab und zu etwas zugebuttert, um seinen Lebensstandard zu halten. Aber es gab auch Belege darüber, dass er einen Teil seines Vermögens in Aktien,

Fonds und Wertpapieren angelegt hatte. Es existierten Belege über nicht unerhebliche Dividenden und Zinsen bis zur Auflösung der Konten, aber keinen einzigen Hinweis auf den Verbleib der Wertpapiere.

Annes nochmaliger Besuch bei Bankdirektor König war nicht sehr befriedigend. Sie hätte die Kopien aller Unterlagen bekommen. Weitere Unterlagen gab es einfach nicht. Heinrich sei in Finanzgeschäften zunehmend misstrauisch geworden, spätestens nachdem Vera die Auslandskonten im Rahmen der Unterhaltsverhandlungen ins Spiel gebracht hatte. Heinrich hätte darauf bestanden, die Wertpapiere selbst in einem Schließfach aufzubewahren und nicht, wie allgemein üblich, in einem Depot zu verwalten. Deshalb war auch der Verbleib oder Verkauf der Wertpapiere, die allesamt bei der Börse gehandelt wurden, durch die Bank nicht nachzuvollziehen, da das Schließfach ausgeräumt und von Vera gekündigt worden war.

Auf andere Banken hätte der Bankier natürlich keinen Zugriff. Wenn Anne Sicherheit haben wolle, würde sie bei praktisch jedem Geldinstitut auf der Welt nachfragen müssen.

23. April – van Reegh'sches Sommerhaus, Chiemsee

Um den Verkauf der Immobilie vorzubereiten, waren Harald und Anne zum Chiemsee gereist.

Haus und Grundstück machten einen traurigen Eindruck. Ludwig und Klara hatten, wie sich später herausstellte, getan, was sie konnten, um alles einigermaßen in Ordnung zu halten. Aber die Mittel für die fälligen Reparaturen standen ihnen nicht zur Verfügung. Immer wieder hatten sie Briefe an Vera geschickt und auf den Zustand aufmerksam gemacht, aber nie eine Antwort erhalten.

So waren Teile des Hauses stark renovierungsbedürftig. Das Bootshaus konnte nur noch abgerissen werden. Das Boot war zwischenzeitlich gepfändet worden, weil seit Ewigkeiten keine Liegegebühren mehr an die Gemeinde gezahlt worden waren. Soweit Ludwig und Klara wussten, hatte die Gemeinde Vera mehrmals angemahnt, aber ebenfalls keine Antwort erhalten.

Klara entschuldigte sich dafür, dass sie nicht mehr hatten machen können, aber da sie seit 3 Monaten kein Gehalt mehr erhielten, mussten sie selbst jeden Pfennig umdrehen und waren drauf und dran, nach all den Jahren zu kündigen.

Am Nachmittag wurde ein ortsansässiger Makler mit dem Verkauf der Immobilie beauftragt.

An diesem Abend war Marie erst besonders spät eingeschlafen. Anne und Harald waren zwar zeitig zu Bett gegangen, lagen aber beide noch wach. Anne war es leid. Egal, was Harald und sie herausfanden, nichts führte zu einer handfesten Spur. Die Vermögen von Heinrich und Vera blieben beide verschwunden.

„Harald. Wir müssen Peter fragen. Der ist mit Mutter schon so lange Zeit zusammen, der muss doch irgend etwas wissen. Vielleicht ist er sogar am Verschieben des Vermögens beteiligt gewesen und weiß, wohin Mutter es transferiert hat. Das wirklich schlimmste Szenario, das ich mir zur Zeit vorstellen kann, ist, dass Mutter alles auf ein Nummernkonto in der Schweiz deponiert, die Belege in ihrem verwirrten Zustand weggeworfen und dann die Nummer vergessen hat. Dann könnte tatsächlich nur Peter helfen. Im Falle der Wiederbeschaffung würde ich ihm sogar einen großzügigen Finderlohn zahlen." Sie verließ das Bett, griff zu ihrem Handy und wählte.

Aber Peter beteuerte, von nichts gewusst zu haben. „Vera hat ihre Bankgeschäfte immer allein erledigt. Sie hat mir keinerlei Einblick gewährt. Ich hatte auch nie Kontovollmacht. Entschuldigen sie, aber es ist recht spät und ich bin ziemlich müde. Ich hatte mich gerade hingelegt".

Im Hintergrund war lautes Gelächter zu hören.

2. Mai – *Zarenweg 9, Köln*

Harald legte Peter alle Belege zu den großen Barabhebungen, den Kauf von Wertpapieren, die dann spurlos verschwunden waren, sowohl aus Veras, als auch aus Heinrichs Bankschließfach, vor.

„Sie können uns doch nicht weiß machen, dass sie von all dem nichts gewusst haben!"

„Es ist aber so!"

„Aber wenn man jahrelang zusammen lebt, muss man doch das eine oder andere erfahren haben."

„Ich habe nicht mit Vera zusammengelebt. Ich habe immer noch eine eigene Wohnung, in der ich lebe. Mit Vera habe ich mich regelmäßig getroffen, vor allem in ihrer Wohnung, aber wir hatten keine eheähnliche

Gemeinschaft. Erst, als Vera erkrankte und hilfedürftig wurde, habe ich mich regelmäßig auch nachts dort aufgehalten."

„Herr Gruber, ich glaube, wir können das Versteckspiel aufgeben! Solange mein Vater noch lebte, war es vielleicht erforderlich, zwei getrennte Haushalte nachzuweisen. Seit seinem Tod aber doch sicher nicht mehr. Für mich sind und bleiben sie der Lebensgefährte meiner Mutter und sie müssen Kenntnis über Mutters Geldgeschäfte gehabt haben."

Harald blätterte die Fotos aus den Jahren ihrer Beziehung vor ihm auf. Von ihrer Weltreise, der Reise nach China und den häufigen Trips nach Marbella, Monaco, der Côte d´Azur oder Davos.

„Vera hat sie ausgehalten und alle diese Reisen bezahlt. Sehen sie hier: immer wenn der Reisepreis fällig wurde, hat sie den Betrag bar abgehoben und im Reisebüro bezahlt. Dumm für sie, dass sie alle Quittungen aufgehoben hat."

Quittungen? Fotos? Wo kamen die denn auf einmal alle her? Er hatte doch alles so gründlich durchsucht! Instinktiv stritt er weiterhin alles vehement ab. Was hätte er auch sonst tun sollen? Nie habe er von Vera Geld angenommen. „Die Barauszahlungen von dem Konto sind Zufall. Ich habe meinen Anteil an den Reisen immer selbst bezahlt. Ich habe ihr das Geld gegeben und sie hat im Reisebüro alles zusammen bezahlt."

Anne glaubte Peter kein Wort. Schließlich war er jahrelang mit Vera zusammen gewesen und musste etwas wissen und wenn er es nur aufgeschnappt hatte.

„Wissen sie, meine Mutter konnte mit ihrem Geld machen, was sie wollte. Ob sie sie eingeladen hat oder nicht. Ob sie von ihr ausgehalten wurden oder nicht. Das interessiert mich nicht. Und darum geht es auch gar nicht. Aber solch ein Millionenvermögen verschwindet nicht einfach mal so. Und die größte Unverschämtheit ist doch, dass jetzt wir die monatlichen Kosten für das weiß Gott nicht billige Heim aufbringen müssen!"

Peter standen mittlerweile Schweißperlen auf der Stirn, aber er blieb bei seiner Version, von nichts gewusst zu haben. „Ich bin doch nicht der einzige, der mit Vera Kontakt hatte. Da sind zum Beispiel sie und ihr Mann. Und auch noch andere Mitglieder der Familie."

„Der lügt doch wie gedruckt", schimpfte Anne, als Peter sich verabschiedet hatte. „Wir reden hier immerhin über mehr als zehn Millionen! Dass Mutters gesamtes Vermögen, der ganze Besitz meines Vaters und das Erbe meiner Großmutter spurlos verschwunden sind, dafür muss doch jemand verantwortlich sein!" Aufgelöst lief sie im Wohnzimmer auf und ab. „Wir können ihm nur nichts nachweisen! Wer hatte denn noch mit ihr Kontakt? Der ostpreußische Pfingstochse ist schon ewig nicht mehr aufgetaucht. Aber was ist mit Onkel Max? Der hat sich schließlich auch sehr um Mutter gekümmert?"

Harald stocherte lustlos in den Resten seines Abendessens herum. „Ich war schon immer der Auffassung, dass Max seine Finger im Spiel hatte, bei Mutters Auszug. Zu so einer Aktion gehört eine generalstabsmäßige Planung, das hätte sie allein nie geschafft. Max hat dieses Organisationstalent und außerdem traue ich ihm zu, dass er mit dem Austausch der Möbel Heinrich verletzen wollte. Heinrich hat nämlich in vielen Äußerungen kein gutes Haar an ihm gelassen und ihn häufig spüren lassen, was er von ihm hielt."

„Wenn du dich erinnerst, hat er Mutter seit Vaters Schlaganfall ständig begleitet. Er hat auch für die schnelle Auflösung seiner Wohnung gesorgt."

„Du hast Recht: eine bessere Gelegenheit, an Heinrichs Vermögen zu kommen, hätte es nicht gegeben. Er war sowieso immer scharf darauf gewesen, auch etwas vom großen Kuchen abzubekommen. Das hat zumindest deine Oma immer gesagt."

„Dann sollten wir uns gut vorbereiten und ihn mal überraschend besuchen, meinst du nicht auch?"

10. Mai – *Krämergasse 24, Köln*

Ohne weitere Ankündigung standen Anne und Harald vor Maximilians Tür. Ein völlig überrumpelter Max bat sie herein.

Annes Herz schlug ihr bis zum Hals. Sie war viel zu aufgeregt, als dass sie erst noch den sonst üblichen langatmigen Smalltalk führen oder irgend welche Fragen nach Marie hätte beantworten können oder wollen. Sie fiel gleich mit der Tür ins Haus.

„Was hast du mit Veras Geld und dem Vermögen meines Vaters gemacht? Du bist der Einzige, der ständig Kontakt zu ihr hatte. Du hast intrigiert, weil Heinrich dich verachtet hat. Wie Recht er damit hatte! Du warst aktiv beteiligt, Vera und Heinrich auseinander zu bringen und du hast den Auszug organisiert."

„Langsam, langsam! Was soll sein? Ihr kommt am Sonntagnachmittag in mein Haus, sagt kaum guten Tag und bringt derart haltlose Beschuldigungen vor. Das wäre eigentlich ein guter Grund, euch sofort wieder rauszuschmeißen. Also noch einmal: was wollt ihr von mir?"

Anne hielt ihre Aggressionen nur mühsam im Zaum. Trotzdem zwang sie sich zu etwas mehr Ruhe. „Als Mutter damals in einer Nacht- und Nebelaktion ausgezogen ist und das gesamte Haus ummöbliert hat: das konnte sie nicht allein bewerkstelligen. Ich habe Fotos gefunden, auf denen du und Ursula bei der Einweihungsparty ihrer Penthouse-Wohnung zu sehen seid."

„Natürlich habe ich ihr geholfen. Als einziger naher Verwandter, der ihr zur Seite gestanden hat, als ihr Leben mit Heinrich unerträglich wurde. Du hättest dafür ja kein Verständnis gehabt. Aber meine Unterstützung war ausschließlich organisatorischer Art. Mit Veras Einkünften und Vermögen hatte ich nie etwas zu tun."

„Du hast uns alle, auch Vater, jahrelang belogen. Du hast immer behauptet, du hättest von nichts etwas gewusst. Weder von ihrem plötzlichen Auszug, noch ihre Anschrift noch sonst irgendwas."

„Und du", richtete Harald das Wort an Jürgen, der die ganze Zeit stocksteif am Kaffeetisch gesessen hatte und dem Gespräch ohne jede Regung gefolgt war. „Du Banker! Hast du deiner Tante das Geld aus der Tasche gezogen und mit riskanten Anlagen verzockt?"

„Ich? Wieso ich? Ich hatte mit Vera nur Kontakt bei den Festen in ihrem Haus und vielleicht zwei oder drei

Mal, wenn sie hier zu Besuch war. Ich habe von ihr kein Geld zum Anlegen bekommen. Du wirst keinen Nachweis finden, dass auch nur ein Cent zwischen ihr und mir geflossen ist."

Anne ließ bei Max nicht locker.

„Es ist schon verwunderlich, dass kurz nach dem Tod meines Vaters das Anwesen am Chiemsee bis an den Rand beliehen worden ist. Vera können wir heute nicht mehr fragen. Du bist aber der Einzige von uns allen, der regelmäßig Kontakt zu ihr hatte. Habt ihr die Belege einfach verschwinden lassen?"

„Ich habe dir doch schon gesagt, dass ich nichts damit zu tun hatte. Mich haben Veras Transaktionen nicht interessiert und sie hat mich auch nie um Rat gefragt."

„Das mit dem „nie um Rat fragen" stimmt wohl nicht so ganz. Nach Heinrichs Schlaganfall warst du ständig um sie herum und beim Räumen seiner Wohnung auch ganz schnell mit dem Container zur Hand. Eine gute Gelegenheit, sein Rest-Vermögen an sich zu reißen und die Belege im Müll verschwinden zu lassen."

Max wurde laut. „Wisst Ihr was? Jetzt reicht es mir! Ich habe genug von euren haltlosen Beschuldigungen. Wie Jürgen schon sagte: kommt wieder, wenn ihr handfeste Beweise habt. Ihr werdet aber keine finden, weil es solche nicht gibt. Und jetzt würde ich euch bitten, zu gehen!"

Auf dem Weg zum Wagen zitterte Anne vor Wut. Auch Harald war nur äußerlich ruhig. Er war noch nie eines Hauses verwiesen worden. Anne sprach so leise, dass kein Außenstehender mithören konnte.

„Die waren es, ich bin fest davon überzeugt. Peter hat Vera umgarnt und ihr das Geld aus den Rippen geleiert. Jürgen hat es angelegt oder sonst was damit gemacht und die Spuren aufgrund seiner Kenntnisse im Bankgeschäft verwischt."

Harald nickte. „Und Max war der Kopf im Hintergrund, der alles geplant, organisiert und überwacht hat, um deinem Vater zu schaden, der ihn immer von oben herab behandelt hat. Garantiert Max."

„Aber geht man wirklich so weit?"

„Wenn Max hinter all dem steckt, dann haben sie die verschiedenen Vermögen mit Sicherheit nicht an der Börse verzockt", fuhr Harald unbeirrt fort. „Sondern angelegt, vermehrt, versteckt... und sich auf jeden Fall die Taschen voll gemacht. Hast du den Anzug von Max gesehen? Der war richtig teuer. So etwas Wertvolles hat er vor ein paar Jahren jedenfalls nicht besessen."

Sie stiegen ins Auto und fuhren los. Nach wenigen hundert Metern brachte Harald den Wagen zum Stillstand und sah Anne an. Er war kalkweiß. Seine Hände umklammerten das Lenkrad so fest, das seine Knöchel hervortaten. Er bebte vor Zorn. „Auch wenn ich heute keinerlei Beweise habe, gebe ich nicht eher Ruhe, bis ich sie überführt habe. Die Zeit wird kommen, dass sie unvorsichtig mit dem Geld umgehen werden, und dann haben wir sie!"

„Ich bin mir nicht ganz sicher, aber ich glaube, ich habe den großen Teller aus der antiken Porzellansammlung meiner Eltern in einer Vitrine in der Essecke gesehen."

„Ja klar, deshalb hat sich Ursula auch nicht von da wegbewegt."

19. Juni – *Zarenweg 9, Köln*

Die Belege waren sortiert und ausgewertet. Heute wollte sich Anne noch einmal genauer dem Inhalt des zweiten Kartons widmen. Ganz unten fand sie zwei kleinere, flache Päckchen und drei Briefumschläge.

Die beiden flachen Pakete enthielten je eine goldene Schallplatte. Beide waren handschriftlich mit schwarzem Filzstift signiert: „Für meine geliebte Vera". Es waren Schallplatten von dem Sänger, der damals beim Sommerfest mit seiner Band aufgetreten war. Auch heute noch wurden seine Hits im Radio rauf und runter gespielt.

´Wie oft habe ich dich nach ihm gefragt? Du hast immer behauptet, nie mehr etwas von ihm gehört zu haben. Was sollte das Versteckspiel, Mutter?`

Zwei der Umschläge waren leer. Auf dem dritten stand fein säuberlich: *„Für Anne"*. Anne erkannte sofort die Schrift ihrer geliebten Großmutter Martha.

Ein Brief und ein Sparbuch mit einer ehemals beträchtlichen Summe kamen zum Vorschein. Das Sparbuch war aufgelöst und entwertet worden. Ein Auszahlungsbeleg mit Veras Unterschrift lag darin. In dem Schreiben teilte ihr Martha mit, dass sie die Summe auf dem Sparbuch als Autorin unter anderem Namen verdient und das Geld für sie zurück gelegt hätte. Die beiliegenden Manuskripte könnte Anne zur Veröffentlichung geben, das würde ihr noch einmal ein schönes Sümmchen einbringen. Aber das Sparbuch war leer und in dem Umschlag fanden sich auch keine Manuskripte.

Kraftlos ließ Anne den Brief sinken.

Leise sagte sie: „Danke, Oma. Aber es ist nichts mehr da. Es ist alles vernichtet."

21. Juli – *Finca Blanca, Mallorca*

Der Blick von der großzügigen Terrasse über das Meer war wirklich atemberaubend. Die Sonne schien zuverlässig und von der Bucht strich eine angenehme Brise über Haus und Garten. Die drei Männer hatten es sich mit Cocktails und einigen Tapas am Pool gemütlich gemacht. Etwas entfernt lag im Schatten eines riesigen Sonnenschirms eine ältere, irgendwie grau wirkende Dame und schlürfte vornehm an einem Glas Eistee. Der spätere Nachmittag war die beste Zeit des Tages.

Max räkelte sich genüsslich auf seinem Liegestuhl. „Herrlich, oder? Ist das Leben nicht schön?"

Der sonst eher blässliche Jürgen hatte einen leichten Sonnenbrand abbekommen und cremte sich sorgfältig ein. „Absolut! Du hast dir hier wirklich ein Paradies geschaffen. Mir wäre es ja etwas zu groß, aber die Geschmäcker sind halt unterschiedlich. Mir reicht da ein schon ein Ferrari."

Max protestierte. „Zu groß? Ich brauchte ja schließlich auch etwas Platz für die ganzen Möbel. Es wäre doch eine Schande gewesen, wenn diese Schmuckstücke nicht zur Geltung kämen, nur weil ich ein Haus mit zu wenigen Zimmern gekauft hätte."

Jürgen lächelte sein Haifischlächeln. „Gekauft und bar bezahlt! So, wie sich das gehört. Tja, entweder man hat es oder man hat es nicht. Schließlich haben wir auch hart dafür gearbeitet, oder etwa nicht? Was sagst du, Peter?"

„Allerdings." Nach dem dritten Drink in der prallen Sonne war er schon ziemlich angesäuselt. „Sehr hart und jahrelang. Hat sich aber gelohnt: du hast die Finca, du deine Ferraris und ich meine Goldbarren. Darauf sollten wir anstoßen. Prost!"

„Ach, übrigens, schöner Peter, bevor ich das noch ganz vergesse", Jürgens Stimme wurde geschäftsmäßig. „Vor ein paar Tagen war eine meiner Kundinnen bei mir in der Bank. Ältere Dame, allein stehend, sehr gut betucht. Sie machte auf mich einen leicht verwirrten Eindruck und war irgendwie in der Orientierung gestört. Verstehst du, was ich meine? Genau, wie bei Vera. Ich habe dich als meinen besten Anlagenberater angepriesen. Du solltest direkt Kontakt mit ihr aufnehmen, sobald wir zurück in Köln sind. Ich glaube nämlich, die Dame ist genau auf dem richtigen Weg. Lade sie doch mal auf eine kleine Spritztour mit deinem Cabrio ein. Ich habe da ein sehr gutes Gefühl... die Adresse gebe ich dir nachher noch."

„Alles klar."

Das Telefon klingelte. Max nahm sofort ab. „Sie wollten doch informiert werden, wenn ein bestimmtes Objekt am Chiemsee zum Verkauf steht", sagte eine Stimme. „Ich habe es gerade zu einem sagenhaft günstigen Preis hereinbekommen. Sollten Sie noch interessiert sein, kann ich Ihnen den Kaufvertrag gleich zufaxen". „Aber gern, machen sie das – aber bitte in mein Haus auf Mallorca. Die Faxnummer haben sie? Gut." Zufrieden legte Max auf.

„Und ihr seid wirklich sicher, dass sie uns nicht kriegen?", rief Peter, der in der Zwischenzeit zur Abkühlung in den Pool gesprungen war, vom Beckenrand.

„Natürlich sind wir das!" Max nickte und ließ sein selbstzufriedenes und hämisches Lachen hören. „Es ist doch nichts mehr da! Kein Geld, keine Beweise und vor allem: keine Vera - so gesehen. Nichts ist mehr da", prustete er los. „Ich habe alles ausgelöscht!"

Epilog

2009

28. Juli – Haus Bergengrün, Köln

Nach einer liebevollen Verabschiedung machte sich Anne auf den Rückweg vom Seniorenstift nach Hause. Marie kam schon bald aus der Schule und sollte nicht auf ihre Mutter warten müssen.

An einer roten Ampel mitten in der Stadt musste sie anhalten. Sie ließ ihren Blick über die hübschen Hausfassaden rechts und links schweifen. Auf der anderen Straßenseite befand sich ein altes Café mit einem kleinen, baumbestandenen Garten.

An einem der wenigen Tische erkannte sie Peter Gruber in Begleitung einer wesentlich älteren Dame. Beide lachten und schienen auch sonst recht vertraut miteinander zu sein. Vor dem Café parkte ein nagelneues Cabriolet.

Das Verdeck war geöffnet.

Das Windschott war deutlich zu sehen.

Anmerkung der Autoren

Die Geschichte, die wir in diesem Buch erzählen, ist tatsächlich passiert.

Wir haben sie nach intensiven Recherchen und anhand des uns vorliegenden Materials rekonstruiert und die Handlung lediglich an Orte verlegt, an denen wir selber zu Hause sind. Sämtliche Namen der handelnden Personen sind frei erfunden.

Vor dem Hintergrund der demographischen Entwicklung und der stetig steigenden Zahl der Demenzerkrankungen kann man sich leicht ausrechnen, wie häufig das in diesem Buch beschriebene Vorgehen tatsächlich vorkommt, der Öffentlichkeit jedoch weitestgehend verborgen bleibt.

Achten Sie einmal darauf, ob sich ähnliche Ereignisse auch in Ihrer Umgebung zutragen - Sie werden sich wundern.

Köln im November 2010

Gabriela Zander-Schneider, Wolfgang Schneider

Bisher erschienene Bücher

Gabriela Zander-Schneider: Sind Sie meine Tochter?
Originalausgabe 2006
2. Auflage: 2009
Taschenbuch, 224 Seiten
ISBN:978-499-62189-5
Rowohlt Verlag

Gabriela Zander-Schneider:Sind Sie meine Tochter?
Lizenzausgabe 2008
Hardcover, 221 Seiten
ISBN:978-3-8289-9350-1
Weltbild Verlag

Darüber hinaus ist das Buch in Deutschland und in der Schweiz in Blindenschrift erschienen.